새로운
미래가 온다

예측 불가능한 미래를 대비하는 6가지 생각의 프레임

다니엘 핑크 지음

정지훈 감수 | 김명철 옮김

A WHOLE NEW MIND

한국경제신문

"

나는 인상적이고 의심할 여지가 없으며 명쾌한 것이 위대한 정신이라고 믿어왔다.
그러나 한 번도 그런 정신을 만나본 적이 없었다. 시간이 꽤 흐르고서야 진실을 알게 되었다.
위대한 정신은 반드시 양성적이어야 한다는 것을.

"

−새뮤얼 T. 컬리지(Samuel T. Coleridge), 시인

새로운 인재로의 변신은 트렌드가 아닌 '생존'

살다 보면 누구나 인생의 큰 전환점이 되는 사상가나 책을 만나게 마련이다. 이번에 개정증보판으로 새롭게 단장한 이 책 《새로운 미래가 온다(A Whole New Mind)》가 내게는 그런 책이다.

미래에 대한 다니엘 핑크의 놀라운 통찰력에 반해서 블로그를 개설해 그동안 생각해오던 내용을 포스팅하게 됐다. 블로그 제목도 저자에 대한 오마주(hommage)를 담아 이 책에서 강조하는 새로운 미래를 대표하는 두 단어인 '하이컨셉&하이터치'로 정했다. 이후 블로그가 많은 사람들로부터 과분한 사랑을 받으면서 나를 '하이컨셉'이라는 닉네임으로 부르는 사람들이 생겨났다. 자연스럽게 트위터와 페이스북 계정도 이 명칭을 사용하게 됐다.

2009년 11월 다니엘 핑크가 일산 킨텍스(KINTEX)에서 열린 융·복합 국제컨퍼런스에 기조연설을 하러 왔을 때는 직접 만나 이런저런 대화도 나누고 트위터로 친구도 맺었다. 이때 그는 한국 젊은이들을 향해 "젊은 나이에는 계획을 세우지 마세요. 세상은 너무 복잡하고 빨리 변해서 절대 예상대로 되지 않습니다. 대신 뭔가 새로운 것을 배우고 시도해보세요. 실수는 필연적이겠지요. 하지만 어리석은 실수를 반복하지 않고, 멋진 실수를 통해 배울 수 있다면 실수가 자산으로 남을 것입니다”라는 멋진 말을 남겼다.

다니엘 핑크는 앨 고어(Al Gore) 전(前) 부통령의 수석 연설문 작성자로도 유명한 인물인데, 이 책으로 앨빈 토플러(Alvin Toffler)를 잇는 세계적 미래학자의 반열에 오른다. 그는 이 책에서 농경 시대와 농부, 산업화 시대와 공장근로자, 정보화 시대와 지식근로자의 시대를 지나 개념과 감성의 하이컨셉·하이터치 시대로 진입하면서 창의성과 감성적 공감 능력이 뛰어난 우뇌형 인재들이 부상할 것이라고 주장한다. 그리고 이러한 변화의 뒤에는 ‘풍요’와 ‘아시아’ 그리고 ‘자동화’ 등 주목할 만한 3가지 요인이 작용하고 있다고 설명한다.

이는 최근 급격히 일어나고 있는 산업의 변화 양상을 보면 더욱 확연히 드러난다. 좌뇌 집중적인 교육을 받은 정보화 시대의 주역인 지식근로자들도 이제는 그들의 일을 중국·인도·필리핀 등 아시아의 저임금 지식근로자들에게 빼앗기고 있는 상황이다. 다시 말해 새로운 인재로의 변신은 단순한 트렌드가 아니라 생존이 걸린 문제인 것이다.

벤처 캐피털리스트이자 파워 블로거로 활동하고 있는 프레드 윌슨 (Fred Wilson)은 최근의 경제위기에 대해 다음과 같이 말했다.

"아마도 이번의 경제위기는 '산업 시대(industrial era)'를 기축으로 만들어진 수많은 비즈니스 모델들이 '정보 시대(information age)'의 주역들에 의해 결국 주저앉는 역사적인 하강국면으로 기록될 것입니다. '창조적 파괴(creative destruction)'가 시작되고 있습니다. 많은 직업과 일자리가 사라지는 것을 보는 것은 괴로운 일입니다. 그러나 이 같은 변화는 막을 수 없는 것이며 대항해서 싸울 수도 없습니다. 기술과 정보의 힘은 우리가 원하든 그렇지 않든 간에 세상을 새롭게 재편할 것입니다."

그런데 이런 와중에도 미국의 새로운 벤처 기업들 중에는 경제위기에도 아랑곳하지 않고 좋은 모습을 보여주고 있는 곳들이 많다. 어떻게 그럴 수 있을까? 과연 우리가 알고 있는 산업 사회의 철학과 규칙들은 여전히 유효할까?

전 세계를 주름잡았던 거대 기업들이 크게 성장한 시기는 1970년대였다. 1990년대에 이들은 본격적인 글로벌 비즈니스에 나서기 시작했고 오늘에 이르렀다. 그런데 최근 이들 공룡 기업에 문제가 발생하고 있다. 인터넷에 기반을 둔 다양한 기업들이 새롭게 생겨나 본격적인 성공을 거두고 있으며, 변신을 하지 못한 기업들은 하나 둘 역사의 뒤안길로 사라지는 일이 현실화되고 있다.

오늘날 미국에서는 베이비붐 세대가 은퇴시기에 들어가기 시작했다. 전통적인 거대 기업의 법칙에 익숙해 있는 이들은 자신들이 지나온 세월과 살아온 방식이 변화하는 것에 저항할 것이다. 일단 이들은 수십 년 동안 쌓아온 경험과 지식을 다음 세대로 전파하기보다는 그냥 지닌 채 떠날 가능성이 많다. 이것이 이들이 살던 방식이기 때문이다. 그에 비해 현재의 젊은 세대들은 다양한 소셜 미디어 환경 속에서 자라고 있다. 이들은 강한 규율이나 강압적인 명령에 굴하지 않는다. 이 같은 세대적인 특성은 수직적 구조와 위계질서에 근간한 거대 기업과는 본질적으로 잘 어울리지 않는다.

1955년에는 미국 GDP의 35퍼센트가 소위 〈포춘(Fortune)〉 선정

500개 기업에 의해 창출됐다. 그리고 2000년에 이르러서는 65%에 육박하게 된다. 하지만 이런 현상은 단순히 몸집 불리기에 지나지 않는다. 많았던 개개의 농업 인구가 하나의 거대한 농업회사로 흡수되고, 자영업 기반의 점포들이 초대형 유통업체로 통폐합됐을 뿐이다. 이런 현상은 우리나라에서도 그대로 나타났다. 자본력과 기업 인지도 및 매스마케팅 등으로 이 같은 지위를 보장받은 것이다.

하지만 요즘은 어떤가? 인터넷의 발달로 거래 비용과 비즈니스 진입 장벽이 낮아지는 상황에서 아이디어와 창의성으로 무장한 수많은 작은 기업들에 포위를 당하고 있는 형국이다. 구글과 애플 그리고 아마존 같은 기업들은 무수히 작은 전문화된 회사들에 자양분을 공급하면서 이들과 함께 성장해나가는 생태계를 만들어가고 있다. 더욱이 과거에는 비즈니스 대상이라고 여기지 않았던 매우 작은 시장들이 인터넷으로 살아나는 '롱테일(long tail)' 경제와 소비자가 곧 생산자 역할을 하는 '프로슈머(prosumer)' 경제의 소용돌이 속에서 시장 권력의 핵심으로 떠오르고 있다.

하이컨셉 · 하이터치 시대의 주역이 될 인재의 능력을 핵심 역량으로 표현하자면 '디자인'과 '소셜'이라는 단어로 설명할 수 있을 것이다. 트위터, 구글, 애플, 페이스북을 보더라도 모두 '디자인'과 '소셜'이라는 키워드로 설명할 수 있는 기업들임을 알 수 있다. 요컨대 이 책에서 주장하는 하이컨셉 · 하이터치의 시대는 이미 오고 있는 실제 상황이다.

그렇다면 새로운 미래가 필요로 하는 인재의 조건은 무엇일까? 커뮤니케이션 능력이 뛰어나고 창의적이며 유연한 사고를 가진 사람, 변화하는 환경 속에 역동적으로 자신의 능력을 발휘할 수 있는 사람이다. 분석을 통해 만들어가는 지식만으로는 새로운 삶의 부가가치를 생산하기 어렵다. 분야를 넘나드는 재능을 갖추고, 분석보다는 큰 그림을 읽을 줄 아는 감성적 인재, 즉 '우뇌'가 발달한 인재가 절실하다. 저자가 이를 보다 구체적으로 설명한 것이 바로 하이컨셉 · 하이터치 재능이다.

'하이컨셉' 재능은 트렌드와 기회를 포착하고, 예술적 · 감성적 아름다움을 창조하는 능력이다. 스토리를 만들어내고, 서로 다른 아이디어를 결합해 새로운 것을 창조해내기 때문에 새로운 시대에 반드시 필요한 재능이다. '하이터치' 재능은 공감을 이끌어내는 능력으로, 다른 사람들과 상호작용을 할 때의 미묘함을 이해하고, 그들과 함께 즐거워하며 이를 전파하는 능력이다. 평범한 일상에서 목표와 의미를 이끌어내는 하이터치 능력은 요즘처럼 복잡한 생태계를 중심으로 돌아가는 세상에서 중요한 능력으로 부각되고 있다.

이제는 가슴으로 생각하는 사람들의 시대다. 마음에 들고 안 들고는 좌뇌가 이해하지 못하는 우뇌의 판단이다. 또한 현재의 젊은 세대가 익숙한 소셜 미디어의 법칙은 거대한 기업의 법칙과는 정반대라고 할 수 있다. 규칙이나 명령에 얽매이기보다는 네트워크를 통해 발전해나가는 기업, 창의성과 감성이 강조되는 환경의 기업에 인재들이 몰리게 된다. 따라서 기존 기업이 가지고 있는 전통적인 관리 체제 및 기업에 대한 투자방식에도 근본적인 변화가 일어날 것이다.

나는 개인적으로 이 책을 처와 동생에게도 모두 읽게 했다. 특히 아이들이 있는 부모라면 반드시 읽어야 한다고 생각한다. 현재 교육 시스템의 문제점은 물론 아이들에 대한 교육관 자체가 바뀔 것이다. 획일화된 교육방식에 선행학습이 판치는 오늘의 현실로는 우리 아이들이 자라서 본격적인 활동을 할 때 시대가 필요로 하는 인재상이 되지 못한다. 지식 능력이 성공을 좌우하던 시대는 이미 지나가고 있다. 게다가 기업도 하이컨셉·하이터치 인재들이 오고 싶어 하지 않는 곳이 된다면 경쟁력을 잃게 될 것이다. 때문에 다가올 시대를 준비하는 기업에서도 꼭 읽어야 할 책이다.

우리나라에서도 하이컨셉·하이터치 재능을 갖춘 인재들이 많이 나오기를 기대한다. 모두가 함께 이 시대를 준비한다면 우리가 겪고 있는 수많은 사회문제를 해결하는 데도 큰 도움이 될 것이다. 미래는 예측하는 대상이 아니라, 우리 모두가 함께 디자인하고 만들어가는 작품이다. 이 새로운 미래를 맞이하게 될 모든 사람들에게 이 책을 강력히 추천한다.

@hiconcep 정지훈

제1부 하이컨셉 · 하이터치 시대

제2부 미래 인재의 6가지 조건

제3부   **새로운 미래의 비즈니스**

거대한 프링글스 깡통과
두개골 몰카

그들은 내가 얼마나 땀을 흘리는지 관찰하기 위해 전극을 내 손가락에 붙였다. 만일 내가 조금이라도 거짓된 마음을 품는다면 여지없이 땀이 날 것이며, 기계장치는 그 미세한 변화를 포착할 것이다. 이윽고 그들은 누울 곳으로 나를 안내했다. 그 매트는 병원 진찰대에서 쉽게 볼 수 있는, 바스락거리는 소리가 나는 푸른색 천으로 덮여 있었다. 나는 안내에 오목하게 파인 곳에 뒤통수를 두고 몸을 뉘였다.

잠시 후 그들은 내 얼굴 위로 한니발 렉터(Hannibal Lecter, 영화 '양들의 침묵'에 등장하는 연쇄살인범 – 옮긴이)에게 물렸던 재갈과 흡사한 쇠창살 마스크를 꺼내들었다.

순간 나는 움찔했다. 문득 큰 실수를 저질렀다는 생각이 밀려들었다. 두려워졌다. 연구원이 손을 뻗어 두꺼운 반창고 통을 집어 들었다.

"움직이시면 안 됩니다. 머리를 테이프로 고정시켜야겠네요."

미 정부 소유의 이 커다란 빌딩 밖에서는 5월의 보슬비가 내리고 있다. 그런데 나는 한기가 감도는 지하실 한가운데 고정된 채 뇌(腦) 정밀조사를 기다리고 있다.

지금껏 40년 이상 내 소중한 뇌와 함께 살아왔지만 실제로 그 모습을 들여다본 적은 한 번도 없었다. 다른 사람의 뇌를 그린 그림이나 사진 등은 봤지만 내 뇌가 어떻게 생겼고 어떻게 작동하는지에 대해서는 몰랐다.

그동안 나는 아웃소싱(outsourcing)과 자동화, 혼돈의 시대에 우리 삶이 어떤 방향으로 나아갈지를 연구해왔다. 그리고 이러한 변화의 중심에서 뇌가 어떤 역할을 하고 어떤 변화를 겪는지 궁금했다. 그래서 워싱턴 D.C. 외곽에 자리한 국립정신건강센터에서 주관하는 실험에 지원하게 됐다. 내가 지하실에서 누워 있는 이유다.

이 실험에는 내 뇌가 쉬고 있을 때와 일하고 있을 때의 모습을 비교 촬영하는 작업도 포함되어 있다. 과학 및 의학 분야에 일대 혁신을 일으킨 이 기술은 난독증(難讀症, dyslexia)이나 알츠하이머병(Alzheimer's disease)의 메커니즘에서부터 아기의 울음에 부모가 어떻게 반응하는지에 이르기까지, 다양한 인간의 경험을 깊이 이해할 수 있도록 해줬다.

뇌를 관찰하는 이 과정을 통해 나는 우리의 미래가 어떻게 전개될지 그 실마리를 얻고 싶었다. 21세기가 요구하는 작업을 뇌의 어떤 부위가 담당하는지, 각 작업의 형태마다 뇌가 어떤 활동을 하는지 그 단서를 잡고자 했던 것이다.

이윽고 매트에 누워 있는 나를 연구원들이 원통 속으로 밀어 넣었다. 마치 커다란 괴물의 목구멍 속으로 빨려 들어가는 듯한 느낌이었다. 두 팔이 각각 묶인 채 천장을 코앞에 두고 누워 있자니 무한의 우주공간으로 발사되는 캡슐 속에 갇힌 기분도 들었다.

그러나 내가 몸을 누인 곳은 GE의 세계 최첨단 자기공명영상장치인 시그마 3T의 한복판이다. 250만 달러의 몸값을 자랑하는 이 녀석은 인간의 몸통 내부를 고품질로 촬영할 수 있는 강력한 자기장을 만들어낸다. 덩치도 거대해서 양쪽으로 약 2.4미터 길이에 무게는 16톤이나 나갔다. 기계의 중앙은 지름이 약 60센티미터쯤 되는 개방형 원통 모양을 하고 있다.

틱! 틱! 틱! 기계가 작동하기 시작했다. 헬멧을 쓰고 있는 내 머리를 누군가 밖에서 마구 두들기는 듯한 느낌이었다. 이윽고 지이이이잉! 진동을 하다가 조용해지는가 싶더니 또 다시 지이이이잉! 그리고 고요해졌다.

이후 30분 동안 그들은 내 뇌를 촬영했다. 나중에 사진을 보니 지금껏 내가 본 다른 사람들의 뇌와 별반 다르지 않았다. 왠지 좀 실망스럽기도 했다. 가운데 부분의 가는 수직분기선은 뇌를 양쪽으로 균등하게 구분해놓고 있었다. 그 모습은 매우 선명하고 평범하기 짝이 없었다.

'대뇌 반구들이 전체적으로 대칭을 이루고 있음'이라고 연구원들은 기록했다. 이 말은 내 두개골에 안에 들어 있는 1.3킬로그램짜리 뇌(여러분의 뇌도 마찬가지)가 서로 연결된 2개의 덩어리로 나뉘어 있음을 의미한다. 그중 하나는 좌뇌로, 다른 하나는 우뇌로 불린다. 이 2개의 반구는 서로 비슷하게 생겼지만 그 형태와 기능은 사뭇 다르다.

처음에 진행된 뇌 촬영은 앉아서 증명사진 찍는 것과 비슷했다. 나는 뇌가 잘 찍힐 수 있도록 여러 포즈를 취했고, 기계는 그런 뇌의 모습을 빠짐없이 포착했다. MRI로 찍은 뇌 사진은 뇌에 대한 많은 정보를 제공해준다. 한편 새로운 기술인 fMRI(기능적 자기공명 영상)는 활동 중인 모습도 볼 수 있게 해준다. 연구원들은 내가 그 기계 안에서 뭔가(콧노래를 부르게 하고, 농담에 귀 기울이게 하고, 수수께끼를 풀게 하는 등)를 하도록 유도하면서, 어느 쪽 뇌로 피가 흘러가는

지 관찰했다. 그리고 그 결과는 뇌 사진에 그대로 나타났다. 활동하는 뇌의 부위에 커다란 검은 얼룩이 보였던 것이다. 비유하자면 위성으로 촬영한 기상 사진이 어느 곳에 구름이 모여 있는지 보여주고 있다고 할까.

연구원들은 거대한 하이테크 프링글스(Pringles, 긴 깡통으로 포장한 유명 감자칩 브랜드 – 옮긴이) 깡통 속으로 나를 다시 밀어 넣었다. 이번에는 잠망경처럼 깡통을 세워서 내가 기계 밖 스크린을 볼 수 있도록 했다. 내 오른손에는 버튼이 달린 막대가 쥐어졌는데, 막대에서 나온 선은 컴퓨터와 연결돼 있었다. 내 뇌가 특정한 임무를 수행할 때 어느 부위가 작동하는지 관찰하려는 것이었다.

실험이 시작됐다. 연구원들은 내게 극단적인 표정의 흑백 인물 사진(거구의 농구선수 야오밍에게 발을 밟힌 듯한 여성의 얼굴, 바지를 안 입고 밖으로 나왔다는 사실을 이제 막 깨달은 듯한 남자의 얼굴)을 스크린에 비췄다. 그런 뒤 이들의 얼굴을 없애고 각기 다른 사람 사진 두 장을 비췄다. 나는 손에 쥔 버튼을 이용해 두 장의 사진 중 처음에 봤던 사람의 감정과 동일한 감정을 나타내고 있는 사람을 지목해야 했다. 연구원들은 내게 다음과 같은 여자의 얼굴을 보여줬다.

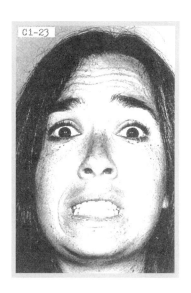

그러고는 이어서 아래의 두 얼굴을 보여줬다.

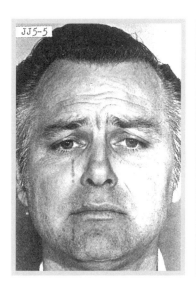

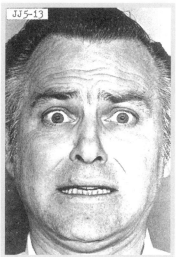

나는 위 오른쪽의 남자가 처음에 봤던 여자의 얼굴과 같은 감정을 표현하고 있음을 알아차리고 오른쪽 버튼을 눌렀다. 미안한 표현이지만 이는 무뇌아에게나 어울리는 문제였다. '나를 바보로 아는 거야?'

표정 연결 문제가 끝나고 이번에는 인지 능력 테스트가 실시됐다. 연구원들은 다양한 색상의 사진을 슬라이드 쇼처럼 차례로 보여줬다. 나는 각각의 사진이 실내에서 벌어진 장면을 찍은 것인지, 야외에서 벌어진 장면을 찍은 것인지 판단한 후 해당 버튼을 눌렀다. 어떤 사진들은 기괴하고 요상한 모습을 담고 있었다. 또 다른 사진들은 평범했을 뿐, 그다지 불쾌감은 주지 않았다. 이를테면 카운터에 커피

머그잔이 올라와 있는 장면, 몇몇 사람들이 총기를 휘두르는 장면, 변기가 오물로 넘쳐나는 장면, 폭발 장면 등이었다.

집중을 요하는 문제였지만 크게 긴장해야 할 정도는 아니었다. 앞의 문제들과 비슷한 느낌이었다. 하지만 내 뇌 속에서 벌어진 일은 전혀 달랐다. 컴퓨터 모니터에 나타난 뇌 사진으로 짐작컨대, 놀라는 얼굴 표정을 볼 때는 우뇌가 활동하고 좌뇌는 우뇌를 보조하는 역할을 했다. 한편 내가 다음과 같은 위협적인 사진을 볼 때는 좌뇌의 활동이 두드러지게 나타났다. 물론 어떤 경우를 막론하고 좌뇌와 우뇌가 일정 정도는 함께 활동했다.

두 종류의 실험을 하는 동안 나는 내 뇌에서 일어나는 차이를 전혀 느끼지 못했다. 그러나 fMRI로 관찰한 결과 얼굴 표정을 보는 실험에서 확실히 좌뇌보다 우뇌가 반응을 했으며, 총을 겨누는 악당 사진을 볼 때는 주로 좌뇌가 반응했음을 알 수 있었다.

왜 그럴까?

이제 그 이야기를 해보려고 한다.

A WHOLE NEW MIND

제1부

하이컨셉·하이터치 시대

새로운 미래의 중심에
'우뇌'가 있다

뇌의 밑부분에는 두려움이나 혐오 등의 감정들을 처리하는 '편도 (amygdalas)'라는 기관이 자리 잡고 있다. 이 기관은 좌뇌와 우뇌 밑에 각각 아몬드 모양으로 자리 잡고, 우리에게 가해지는 위협을 감지하며 신호를 보낸다. 이를테면 우리 몸에서 국토안보부(Department of Homeland Security)의 역할을 하는 셈이다.

그러니까 내가 MRI 기계에 들어가서 화가 난 사람들의 사진과 마음이 불편해지는 사진들을 봤을 때 경보를 보낸 것도 바로 이 편도의 기능이었다. 문제는 각각의 이미지에 따라 좌·우측 편도가 각각 다른 경보를 발동한다는 것이다.

학습 창고 좌뇌 & 직관 우선 우뇌

나중에 뇌 스캔 결과를 보고 안 사실이지만 얼굴 표정을 볼 때는 우측 편도가 좀 더 활발한 활동을 했다. 반면에 내가 특정한 장면을 봤을 때는 좌측 편도가 더욱 활동적(물론 한쪽의 편도가 보다 활발하게 활동한다고 하여 다른 쪽의 편도가 쉬고 있는 것은 아니다)이었다. 말하자면, 사람의 얼굴 표정을 볼 때는 우뇌가, 특정한 장면을 볼 때는 좌뇌가 활발하게 운동하는 것이다. 이게 무엇을 의미할까?

특정 장면, 예를 들어 총을 들고 있는 남자의 사진을 볼 때는 논리적 추론 과정이 필요하다. 그 상황을 이해하고 판단해야 하는 것이다.

'저것은 총이다. 총은 위험하다. 한 남자가 나에게 총을 겨누고 있다. 이는 두려운 상황이다.'

이런 논리 사슬을 만드는 것이 바로 왼쪽 뇌다. 이러한 과정을 거쳐 좌측 편도가 최종적인 판단을 내린다.

'위험한 상황이다. 의자에서 일어나 유리를 깨고 비상벨을 눌러야 한다!'

이것이 바로 좌반구의 역할이다.

반면에 사람의 표정을 인식할 때는 오른쪽 뇌가 더 많이 활동한다. 수많은 연구에서 밝혀졌듯 사람의 얼굴을 인식하고 표정을 해석하는 데 뛰어난 능력을 갖고 있는 것은 오른쪽 뇌다. 오른쪽 뇌는 상대방의 얼굴 표정을 통해 그의 기분을 읽어낸다. 기쁘다, 슬프다, 화가 났다 등.

오른쪽 뇌의 이러한 기술은 왼쪽 뇌처럼 분석적인 추론에 의존하는 것이 아니라, 얼굴의 각 부분을 종합적으로 해석(먼저 눈을 보고, 그 다음에 코를 보고, 그 다음에 치아를 보는 것이 아니다)하고, 이를 통합해 결론을 이끌어낸다.

사실, 총을 겨누고 있는 남자에 대해 '위험하다!'고 인식하는 것은 과거의 경험, 즉 학습에 근거한다. 만일 예전에 총을 본 적이 없는 사람에게 그 사진을 보여준다면 두려움을 느끼기보다는 총이 무엇인지 몰라 당황스러워할 것이다.

반대로 백인 여성의 얼굴을 한 번도 본 적이 없거나 이웃 사람들 외에는 한 번도 외지 사람과 마주친 적 없는 사람에게, 백인 여성의 얼굴 사진을 보여준다면 어떻게 될까? 아마도 그는 사진 속 여성의 감정을 정확하게 읽어낼 수 없을 것이다.

사실 이는 UCLA의 폴 에크먼(Paul Ekman) 교수가 수행했던 실험이다. 뒤에서 살펴보겠지만 그는 사람의 다양한 표정을 담은 사진들을 준비한 뒤 미국 대학생에서부터 뉴기니 원주민에 이르기까지 35년에 걸친 연구와 실험을 통해 다음과 같은 결과를 얻어냈다.

"문화가 서로 다르다고 해서 하나의 표정을 놓고 서로 다른 감정을 떠올리는 경우는 없다."

이를 통해 인간의 양쪽 뇌는 늘 함께 작용하지만 서로의 주된 기능은 확실히 다르다는 것을 알 수 있다. 좌뇌는 논리 · 연산 · 언어 · 분석 능력, 우뇌는 종합 · 감정 표현 · 맥락 그리고 큰 그림을 담당한다. 또한 좌측 뇌는 학습에 의해 그 기능이 좀 더 우수해지는 데 반해, 우뇌는 학습적인 경험과는 그다지 큰 관련이 없는 것으로 나타났다.

메이저 뇌와 마이너 뇌에 대한 오해

DNA 발견에 기여한 공로로 노벨상을 받은 제임스 왓슨(James Watson)은 두뇌에 대해 다음과 같이 말했다.

"뇌는 지금껏 우리가 이 세상에서 발견한 가장 복잡한 물건이다."

뇌가 복잡한 물건이기는 하지만 해부학적인 모양은 좌우 대칭으로 지극히 단순하다. 거의 비슷한 크기와 질량을 가지고 있을 법한 이 좌뇌와 우뇌에 대한 조명은 놀랍게도 그다지 공평하지 않았다.

이제까지 많은 사람들이 우리를 인간답게 만드는 데 주효한 역할을 하는 뇌는 좌뇌라고 주장해 왔다. 그리고 우뇌는 좌뇌를 보조하는 역할에 불과하다고 믿었다.

좌뇌는 우리가 뇌에 기대하는 모든 역할, 즉 이성적·분석적·논리적 기능을 수행하며, 우뇌는 비언어적·비선형적, 그리고 본능적인 역할을 수행한다는 것이다. 이에 따라 좌뇌는 메이저 뇌, 우뇌는 마이너 뇌 취급을 받아왔다. 마치 학자와 정치가, 변호사의 역할은 중시하면서, 예술가와 이야기꾼들은 이방인 취급했던 인류의 역사와 비슷하다.

이러한 좌뇌 중심적 사고는 히포크라테스 시대로 거슬러 올라간다. 히포크라테스 시대 의사들은 심장과 같은 쪽에 위치한 좌뇌의 역할이 매우 중요하다고 믿었다. 그리고 1800년대 과학자들은 이 견해를 뒷받침할 수 있는 입증 자료들을 모으기 시작했다.

1860년대 프랑스 신경학자 파울 브로카(Paul Broca)는 좌반구가 언어구사 능력을 조절하고 있음을 밝혀냈다. 10년 뒤 독일 신경학자 카를 베르니케(Carl Wernicke) 역시 언어이해 능력에 대해 이와 비슷한 발견을 했는데, 이를 통해 이들은 확실한 3단논법의 결론을 이끌어냈다.

- 언어는 사람과 짐승을 구별하는 중요한 특질이다.
- 언어구사 능력은 좌측 뇌에서 나온다.

● 따라서 사람은 좌측 뇌를 통해 인간다워진다.

이러한 견해가 100년 동안 지속되던 가운데 캘리포니아공과대학교 로저 스페리(Roger Sperry) 교수는 뇌에 대한 획기적인 학설을 발표했다. 이는 심리학과 신경과학 분야에 커다란 변화를 예고하는 것이었다.

1950년대 스페리 교수는 간질발작 때문에 양쪽 뇌를 연결하는 3억 개의 신경섬유 다발인 뇌량(腦梁, corpus callosum) 제거 수술을 받은 환자들을 연구했다. 그 결과 스페리 교수는 뇌에 대한 기존의 이론에 결함이 있다는 사실을 발견했다.

"언어적 능력과 관계가 없고 정신적인 활동에 그다지 기여하지 못한다고 여겨졌던 우반구가 실제로는 정신적 임무를 수행하는 특정한 차원에서는 좀 더 많은 역할을 한다."

우뇌는 좌뇌보다 열등하지 않다는 설명이다. 단지 역할이 다를 뿐이라는 것이다. 스페리 교수는 다음과 같이 덧붙였다.

"좌반구와 우반구는 각기 다른 사고체계를 갖고 있다."

즉, 좌뇌는 순차적으로 반응하고 분석에 뛰어나며 언어를 담당하는 한편, 우뇌는 종합적으로 사고하고 패턴을 감지하며 감정과 비언어적 표현을 해석한다는 것이다. 이 연구를 통해 스페리 교수는 노벨 의학상을 받았다.

사실, 스페리 교수가 실험실에서 얻은 아이디어를 일반화시키는 데에는 캘리포니아주립대학교 예술학 강사 베티 에드워즈(Betty Edwards)의 도움이 컸다. 1979년 에드워즈는 《우뇌로 그림 그리기 (Drawing on the Right Side of the Brain)》라는 제목의 책을 출간했다. 그녀는 이 책에서 예술감각은 타고나는 것이라는 통념을 부정했다.

"그림 그리기는 실제로 그리 어려운 일이 아니다. 얼마나 제대로 볼 수 있느냐가 문제다."

그리고 제대로 보는 비결은 생각보다 간단하다고 설명했다. 모든 것을 알고 있다는 듯 두목행세를 하려는 좌뇌를 조용하게 만든 다음 우뇌가 제 역할을 발휘할 수 있도록 기회를 주면 된다는 것이다. 좌뇌를 통해 경험하고 습득했던 모든 학습적 노하우를 걷어내고, 그저 우뇌의 감각에 맡기라는 것이다.

어떤 사람들은 에드워즈가 과학을 지나치게 단순화했다고 비판했지만 그녀의 책은 베스트셀러로 떠올랐고 예술학 강의에서 중요한 재료가 됐다.

스페리 교수의 선구적인 연구, 에드워즈의 예술가적 영감, 그리고 활동 중인 뇌를 관찰할 수 있게 만들어준 fMRI의 개발 같은 기술발전에 따라 오늘날 우뇌는 제대로 평가를 받을 수 있게 됐다. 그러나 이러한 다양한 자료에도 불구하고 우뇌에 대한 오해는 여전히 남아 있다.

우뇌에 대한 오해는 서로 상반된다. 하나는 우뇌가 구원자라는 것이고, 다른 하나는 파괴자라는 오해다. 재미있는 사실은 사람들이 우뇌에 대해 보이는 제각각의 입장과 판단은 과거 자본주의와 공산주의를 대하는 이데올로기의 그것과 흡사하다는 점이다.

우뇌가 구원자라는 견해를 지닌 사람들은 우뇌의 적절한 평가를 뛰어넘어 '숭배'로 치닫는다. 그들은 우뇌가 인간의 모든 선(善)과 공정함, 고귀함의 보고라고 믿는다. 신경과학자 로버트 온스타인(Robert Ornstein)은 《바른(오른편) 마음(The Right Mind)》이라는 책에서 다음과 같이 말했다.

"많은 유명 저자들에 따르면 우뇌가 인간의 생각을 확대하고 정신적 충격을 견뎌내며 자폐성을 치료하는 데 핵심 역할을 하고 있음을 알 수 있다. 우뇌는 우리를 구원하고 있다. 우리 뇌의 오른쪽 반구는 창의성과 영혼이 깃들어 있는 곳이며 아이디어의 보고다."

이렇듯 우뇌가 우리의 구원자라는 논리를 퍼뜨리고 다닌 사람들은 우뇌 요리법, 우뇌 다이어트, 우뇌 투자법, 우뇌 회계학 등 각종 우스꽝스러운 표현들을 동원해 우뇌의 장점을 확산시키고자 했다. 우뇌 조깅, 우뇌 승마는 물론이고 우뇌 수비학(數秘學), 우뇌 천문학, 심지어 우뇌 성교법도 있다.

이는 대부분 황당하기 짝이 없는 주장들이다. 더욱 심각한 문제는 우뇌에 대한 이러한 근거 없는 찬양들이 오히려 우뇌에 대한 이해를 더욱 어렵게 만든다는 것이다.

반대로 우뇌의 위험성을 경고하는 사람들도 존재한다. 이들은 마지못해 우뇌의 역할을 인정하기는 하지만, 이른바 우뇌적 사고가 강조될 경우 인간 사회는 큰 곤경에 처할 것이라고 경고한다. 좌뇌가 논리의 힘을 적용해 이룩해 놓은 경제적·사회적 진보를 파괴할지도 모른다는 것이다.

이들은 여전히 인간이 다른 동물과 구별되는 것은 분석적인 사고능력, 다시 말해 쓰고 읽고 더하고 빼는 등 논리적으로 계산할 수 있는 능력 때문이라고 여긴다. 따라서 감정상의 내용을 해석하고, 직관적으로 해답을 구하고, 전체적인 이해를 담당하는 우뇌의 활동을 경시한다.

예술가인 양 뽐내고 스킨십을 중시하는 우뇌적 요소들에 너무 주목하면 우리는 분명 벙어리에 멍청한 인간이 되기 십상이라고 여긴다. 이렇듯 우뇌가 파괴자라고 믿는 오해 속에는 우리 뇌의 오른쪽 부분이 분명 나름의 역할을 하고 있기는 해도 어쨌든 '열등하다'는 인식이 자리 잡고 있다.

하지만 우뇌는 결코 파괴자가 아니다. 그렇다고 앞서 밝힌 대로 구원자도 아니다. 모든 진실이 그렇듯 우뇌에 대한 진실 또한 미묘한 차이를 갖고 있다.

새로운 시대를 위한 좌뇌와 우뇌의 역할

우리의 좌뇌와 우뇌는 마치 온·오프 스위치가 달려 있어서 한쪽 불이 꺼지면 곧바로 다른 한쪽 불이 켜지는 것처럼 작동하는 시스템이 아니다. 우리가 어떤 일을 하든 간에 좌뇌와 우뇌는 거의 함께 작동하고 있다. 좌뇌와 우뇌에 대한 지난 30년 동안의 연구는 다음과 같은 사실을 밝혀냈다.

1. 좌뇌는 우리 몸의 오른쪽을, 우뇌는 왼쪽을 통제한다

우리의 양쪽 뇌는 각각 서로 반대쪽 몸의 절반을 통제하고 있다. 오른쪽 머리를 가격당하면 왼쪽 몸을 제대로 움직이지 못하고, 왼쪽 머리를 가격당하면 오른쪽 몸을 제대로 가누지 못하게 되는 것도 이 같은 이유 때문이다. 약 90퍼센트에 이르는 사람들이 오른손잡이라는 사실은 90퍼센트에 이르는 사람들의 좌뇌가 글씨를 쓰고, 먹고, 컴퓨터 마우스를 조작하는 등 중요한 움직임을 관장하고 있음을 의미한다.

그런데 재미있는 것은 알파벳 등 문자가 발명된 이후 서구에서는 끊임없이 머리를 왼쪽에서 오른쪽으로 움직이는 행동(이 책을 읽는 동안 자신의 머리 움직임을 살펴보라)을 반복해 왔다는 것이다. 이는 좌뇌를 훈련시키는 결과를 낳았다. 어쩌면 인류의 좌뇌적 사고방식은 이러한 과정을 통해 심화된 것인지도 모른다. 이를 두고 에릭 하벌록(Eric

Havelock) 교수는 '알파벳적인 사고방식' 이라고 표현했다.

사실 좌뇌적 사고가 그간 인간 사회에서 게임의 승패를 지배해 왔다는 것은 그리 놀라운 일이 아니다. 게임의 법칙 또한 좌뇌에 따라 만들어진 것이기 때문이다.

2. 좌뇌는 순차적이고, 우뇌는 동시적이다

알파벳적인 사고방식의 또 다른 측면을 살펴보자.

좌뇌는 소리와 상징을 순차적으로 처리한다. 여러분은 이 문장을 읽으면서 '여러분은'에서 출발해 '이 문장을'로 이동하는 동안 글자 하나하나, 음절 하나하나, 단어 하나하나를 순차적으로 해독한다.

이와는 대조적으로 우뇌는 A-B-C-D-E… 같은 일렬종대형 구성에는 맞지 않는다. 우뇌는 사물을 동시에 인식한다. 기하학적인 형태의 모양을 보고 이를 감지한다거나, 어떤 상황을 종합적으로 보고 그것이 의미하는 바를 이해한다. 또한 사람의 표정을 종합적으로 읽어냄으로써 상대방의 기분을 파악한다. 이는 인간이 컴퓨터와 비교했을 때 우위를 보이는 몇 안 되는 강점이기도 하다.

예를 들어 내가 가진 아이맥 컴퓨터는 지구상에 있는 어떠한 좌뇌보다 더 빠르게 계산을 수행할 수 있다. 하지만 그 어떤 강력한 컴퓨터라도 걸음마를 하고 있는 내 아들보다 빠르고 정확하게 사람의 표정을 인지하지는 못한다.

순차적 처리와 동시적 처리의 차이점을 말하자면, 우뇌는 사진이고 좌뇌는 수천 개의 단어라고 할 수 있다.

3. 좌뇌는 본문 해석에 강하고, 우뇌는 맥락에 강하다

인간의 언어적 능력 대부분은 좌뇌에서 출발한다(오른손잡이의 약 95퍼센트와 왼손잡이의 70퍼센트가량이 그렇다. 나머지 사람들 가운데 약 8퍼센트는 언어와 관련된 뇌의 활동이 좀 더 복잡하다). 하지만 다른 많은 행동들과 마찬가지로 언어 활동에 있어서 우뇌가 모든 책임을 좌뇌에 넘긴 것은 아니다. 즉, 양쪽 뇌가 동시에 역할을 수행한다.

어느 날 밤, 남편과 아내가 저녁식사를 준비하고 있다고 생각해보자. 저녁을 준비하던 도중 요리에서 가장 중요한 재료를 깜박 잊고 사오지 않았음을 아내가 깨달았다고 하자. 그리고 그녀가 입술을 일그러뜨리면서 자동차 열쇠를 집어 들더니 불만 섞인 목소리로 "가게에 좀 다녀올게"라고 말한다고 가정해보자.

이 경우 뇌손상이 없는 사람들은 대부분 아내가 한 말에서 2가지를 인식한다.

첫째, 그녀는 지금 슈퍼마켓으로 향하고 있다.

둘째, 그녀는 심기가 불편하다.

여러분의 좌뇌는 아내가 한 말을 통해 첫 번째 부분을 이해한다. 즉, 소리와 문장을 해독해 문장 그대로의 의미를 헤아린다. 그러나 우뇌는 아내의 말에서 두 번째 측면을 이해한다. 즉 "가게에 좀 다녀올게"라는 중립적인 표현이 전혀 중립적이지 않다는 사실을 곧 알아차린다. 눈을 쳐다보면서 음성신호에 섞인 불만을 접수해 아내가 화가 났다는 사실을 인지하는 것이다.

뇌의 어느 한쪽을 다친 사람들은 이 같은 이원적 결론에 도달하지 못한다. 우뇌가 손상되어 좌뇌의 기능만 갖고 있는 사람이 위의 말을 들으면 아내가 슈퍼마켓으로 운전해 갈 것이라는 사실은 이해한다. 하지만 그녀가 화가 나서 집을 나섰다는 사실은 감지하지 못한다. 한편 좌뇌가 손상되어 우뇌의 기능만 갖고 있는 사람은 아내가 화가 나 있다는 사실은 이해하지만, 방금 그녀가 어디로 갔는지는 알지 못할 수도 있다.

이러한 차이가 다른 사람의 언어를 이해하는 데에만 국한되지는 않는다. 자신이 직접 말을 할 때도 찾아볼 수 있다. 우뇌의 일정 부위를 다친 환자는 문법을 준수하고 표준적인 단어들을 적절히 사용해 가며 조리 있게 말할 수는 있다. 그러나 영국인 심리학자 크리스 맥머너스(Chris McManus)는 자신의 책 《오른손과 왼손(Right Hand Left Hand)》에서 다음과 같이 설명했다.

"그들의 말은… 정상이 아니다. 화자의 감정을 싣고 강조를 하기 위한 높낮이 성조, 완급, 강약 등 언어의 음악적 요소인 운율이 결여되어 있다. 운율이 없는 말은 흔히 전화에서 들을 수 있는 컴퓨터로 합성된 목소리와 비슷하다."

　아주 단순히 표현하자면 좌뇌는 말하는 내용 자체를 다룬다. 반면에 우뇌는 어떻게 말하느냐, 즉 비언어적인 요소로서 흔히 어조와 표정을 보면서 읽을 수 있는 감정적인 요소에 초점을 맞추고 있다고 할 수 있다.

　좌뇌와 우뇌의 차이는 언어와 비언어의 차이에 그치지 않는다. 처음에 로버트 온스타인에 의해 제기된 양쪽 뇌의 '본문(text)'과 '맥락(context)'의 차이는 좀 더 폭넓게 적용된다. 예를 들어 어떤 문자로 쓰인 문장의 의미를 해독할 때는 맥락(문맥)에 크게 의존해야 한다. 아랍어와 히브리어는 흔히 자음으로만 쓰인다.

　이는 읽는 사람이 주변 개념과 정황을 통해 모음을 유추해내야 함을 의미한다. 만일 'stmp n th bg'라는 문장이 해충방제 교본 같은 곳에서 발견된다면 'stomp on the bug(벌레를 발로 밟아라)'라는 뜻이 되도록 읽는 사람이 적절한 모음을 집어넣어야 한다. 우체국에 관련된 이야기 중에 나온 말이라면 'stamp in the bag(가방에 찍힌 도장)'이란 뜻이 될지도 모른다. 영어와는 달리 읽는 사람이 맥락의 해석에 총명함을 발휘해 모음을 집어넣어야 하는 언어는 흔히 오른쪽에서 왼쪽으로 쓰인다. 그리고 앞에서 얘기했듯이 눈을 오른쪽에서 왼쪽으로 움직이는 행동은 뇌의 오른쪽 반구에 의존한다.

　또한 맥락은 언어의 다른 측면에서도 중요하다. 예를 들어 많은 연구를 살펴보면 우뇌가 은유를 이해하는 능력과 관계가 있음을 알 수 있다. 만일 여러분이 내게 "호세의 가슴은 몬태나 주 크기만 하다"라고 말한다면, 즉시 내 좌뇌는 호세가 누구이고 가슴은 무엇이며 몬태나가 얼마나 큰지 헤아린다. 하지만 문자 그대로의 의미로 파악이 안 될 경우(어떻게 사람의 가슴 면적이 36제곱킬로미터에 달하겠는가?)에는 우뇌를 불러 해결되지 않는 모순을 해결토록 한다. 우뇌는 호세가 비정상적인 가슴을 갖고 있는 것이 아니라, 그가 그만큼 너그럽고 사랑스런 사람이라는 뜻임을 좌뇌에 설명한다.

온스타인은 다음과 같이 말한다.

"양 뇌의 어느 한쪽도 다른 쪽의 도움 없이는 일을 수행하지 못한다. 우리는 생활 속에서 맥락에 맞는 문장을 필요로 하고 있다."

4. 좌뇌는 자세히 분석하고, 우뇌는 큰 그림을 그린다

1951년 이사야 벌린(Isaiah Berlin)은 《전쟁과 평화(War and Peace)》에 관한 에세이를 쓰면서 《레오 톨스토이의 역사적인 회의론》이란 딱딱하고 재미없는 제목을 붙였다. 벌린의 책을 출간하기로 한 출판사는 그의 에세이집 제목을 좀 더 많은 사람들의 관심을 유도할 수 있도록 《고슴도치와 여우》라고 바꿨다. '여우는 많은 것을 알고 있지만 고슴도치는 한 가지 큰 것을 알고 있다'는 고대 그리스 속담에서 착안한 제목이었다. 제목을 바꿔 출간한 후 이사야 벌린은 곧바로 유명인사

반열에 올랐다. 그리고 좌뇌를 여우에, 우뇌를 고슴도치에 비유한 개념은 좌·우뇌의 서로 다른 네 번째 차이점을 조명하는 데 유용하게 사용됐다.

어느 신경과학 입문서는 다음과 같이 설명한다.

"일반적으로 좌뇌는 정보의 분석에 참여한다. 반면 우뇌는 통합의 기능이 특화되어 있다. 우뇌는 곳곳에 흩어져 있는 요소들을 결합해 사물을 전체적으로 인식한다."

아마도 분석과 통합은 정보를 해석하는 가장 기초적인 2가지 방법일 것이다. 정보를 이해하기 위해 사람들은 전체를 그 구성요소로 나눠보거나 구성요소를 통합해 전체를 만들어본다. 이 2가지는 인간의 이성적 가능으로 매우 중요하다. 하지만 이 2가지 행동은 각각 뇌의 서로 다른 부위에 의해 인도된다.

1968년 스페리 교수는 자신의 논문에서 이 중요한 차이점에 대해 다뤘다.

"조사자료로 미뤄볼 때 말이 없는 마이너(minor) 뇌인 우뇌는 주로 입력된 정보를 통합하는 게슈탈트(Gestalt) 인식에 특화되어 있다. 반면에 말하는 메이저(major) 뇌인 좌뇌는 좀 더 논리적이고 컴퓨터와 같은 산술적 기능을 수행하는 듯 보인다. 좌뇌의 언어는 우뇌가 수행하는 빠르고 복잡한 합성작업을 수행하기에는 불충분하다."

좌뇌는 한 개의 답에 집중하지만 우뇌는 게슈탈트로 분산된다. 좌뇌는 분류에 초점을 맞추고 우뇌는 관계에 초점을 맞춘다. 좌뇌는 세부항목을 이해하지만 우뇌는 큰 그림을 볼 수 있다.

양쪽 뇌를 모두 사용하는 전혀 새로운 사고

"이 세상에는 두 부류의 사람이 있다"로 시작되는 오래된 농담이 있다. 인간은 선천적으로 2개의 대조되는 것을 짝지어 나눠보는 경향이 있다. 동 vs 서, 선 vs 악, 논리 vs 감정, 좌 vs 우 등.

물론 대부분의 경우 그렇게 편을 갈라 생각할 필요가 없다. 오히려 그와 같은 편 가르기가 위험한 경우도 많다. 예를 들어 감정이 없는 논리는 냉정하고 냉혹하다. 반면에 논리가 없고 감정만 있다면, 시계는 맞지 않고 버스는 항상 늦게 오는 비이성적인 세상이 되고 말 것이다. 결국 음과 양은 항상 서로를 필요로 한다. 이는 특히 우리 두뇌에 관한 한 맞는 얘기라고 할 수 있다. 양쪽 뇌는 서로 도와 멋진 화음을 만들어낸다. 오케스트라의 연주자처럼 양쪽 뇌는 서로 맡은 부분에서 자신의 악기를 훌륭히 연주해낸다.

크리스 맥머너스는 이렇게 말한다.

"아무리 좌뇌와 우뇌가 서로 분리되어 역할을 수행한다 하더라도 사실 양쪽 뇌는 상호 협력을 통해 완전한 뇌를 형성하고 있다. 좌뇌는 논리적 사고의 수행방법을 알고 있다. 우뇌는 전체적인 모습을 이해한다. 만일 어느 쪽 뇌라도 상대편 뇌의 도움 없이 단독으로 움직인다면 기괴하고 어리석은 결과를 가져올 것이다."

달리 말해 건강하고, 행복하고, 성공적인 삶을 살기 위해서는 양쪽 뇌를 모두 활용해야 한다는 것이다.

하지만 각 개인·조직·사회가 그 다양한 역할을 수행하는 것을 살펴보면, 우리 대뇌의 활동이 서로 대비되는 모습을 발견할 수 있다. 어떤 사람들은 논리적이고 순차적인, 컴퓨터 같은 추론방식에 편안함을 느낀다. 이들은 변호사·회계사·엔지니어가 되는 경향이 있다.

한편 어떤 사람들은 전체적이고 직관적이며 비선형적인 추론에 더욱 익숙하다. 이들은 창작자·연예인·상담가가 되는 경향이 있다. 아울러 가족 및 각종 기관과 사회를 잘 조직하는 특성도 갖고 있다.

첫 번째 부류를 '좌뇌 주도형 사고'라고 부른다. 이는 우리 뇌의 좌측이 가진 순차적·언어적·기능적·문자적·분석적 특징을 보이는 사고방식 및 삶의 태도라고 할 수 있다. 컴퓨터 프로그래머처럼 정보화 시대에 우대받는 직업들에서는 좌뇌 주도형 사고에 뛰어난 사람들이 능력을 발휘한다. 좌뇌 주도형 사고는 좌뇌적 특질과 좌뇌 주도형 결과를 필요로 하는 완고한 조직에서 높이 평가받으며 학교에서 강조된다.

두 번째 부류는 '우뇌 주도형 사고'라고 부른다. 이는 우리 뇌의 우측이 가진 동시적·은유적·심미적·맥락적·종합적인 특징을 보이는 사고방식 및 삶의 태도라고 할 수 있다. 창작자나 남을 돌보는 사람들처럼 정보화 시대에 크게 강조되지 않는 직업에서 필요한 능력들은 여러 조직에서 무시당하고, 학교에서 소홀히 여겨진다.

인간이란 동물의 사고 형태를 2가지 부류로 나누는 것 자체가 좌뇌형 사고다. 여기서 내가 좌뇌형 사고니, 우뇌형 사고니 하는 것은 어느 한쪽만 사용한다는 의미가 결코 아니다. 주된 기능을 일컫는 말이다.

그러나 아직까지도 많은 사람들이 좌뇌의 역할을 중시하는 경향이 있다. 우뇌형 사고가 유용한 대안이라고 인정하면서도 여전히 보조적인 기능으로 평가절하한다. 좌뇌형 사고에 운전석을 맡기고 우뇌적 사고를 조수석에 앉히는 것이다.

물론 좌뇌형 재능(학교성적으로 측정되며 흔히 공인회계사들이 뛰어난 능력을 발휘하는 특질)은 여전히 필요하다. 그러나 이것만으로는 더 이상 충분하지 않다. 최근 들어 세계는 커다란 지각변동을 보이고 있다. 우리가 중요하다고 판단하든 아니든 간에, 우뇌는 때때로 운전대를 잡고 액셀러레이터에 발을 올린 채 운전하기 시작했다. 또한 이것은 기업이나 개인, 또 한 국가에 있어 큰 경쟁력으로 나름의 성과를 나타내기도 했다. 그동안 과소평가되고 무시됐던 우뇌형 재능(예술적이고, 초월적이며, 장기적 안목과 심리적 공감대를 형성하는 재능)이 도약하기 시작한 것이다.

앞 부분에서 길고도 지난하게 뇌의 기능과 그에 대한 역할을 강조했던 것도 바로 이 때문이다. 수천년 지속되어 왔던 좌뇌 중심의 역사가 바뀌고 있다는 점, 또한 변화하는 뇌의 역사는 세상의 변화와 맞물려 있다는 점이다. 그러나 이는 좌뇌가 몰락한다는 뜻이 아니다. 좌뇌적 사고의 필요성은 여전히 유효하다. 대신, 그동안 간과됐던 우뇌의 기능이 좀 더 강조되는 사회가 도래했다는 의미다.

이는 혼란스러운 변화임에는 틀림없지만 한편으로는 고무적인 변화이기도 하다. 다음 장에서는 이 같은 변화가 왜 생겨났는지 그 이유를 살펴보도록 한다.

지식근로자의 미래
풍요 · 아시아 · 자동화

1970년대로 거슬러 올라가 내 어린 시절 이야기를 잠깐 해볼까 한다.

당시 미국의 중산층 부모들은 자식들에게 천편일률적인 충고를 귀에 못이 박힐 정도로 되풀이하곤 했다. 남부럽지 않은 부와 명예를 누리며 살기 위해서는 학교에서 공부 열심히 하고, 좋은 대학에 가고, 훌륭한 전문직을 가지라고 권유했다.

그리하여 수학과 과학을 잘하는 아이들은 의사가 됐고, 언어와 역사 공부에 소질을 보인 아이들은 변호사가 됐으며, 세련된 말주변이 부족하고 성격이 차분한 아이들은 회계사가 됐다. 조금 뒤 개인용 컴퓨터가 출현하고 CEO들이 잡지 표지를 장식하게 되자, 수학과 과학에 뛰어났던 아이들은 하이테크 기술직을 선택했다. 또한 MBA가 성공을 향한 사다리라고 생각한 많은 학생들은 경영대학원으로 몰려들었다.

경영의 구루(guru) 피터 드러커(Peter Drucker)는 변호사 · 의사 · 회계사 · 엔지니어 · 기업관리자 등과 같은 주요 전문직 종사자들과 같은 이른바 화이트칼라 계층에게 '지식근로자' 라는 호칭을 부여했다. 드러커에 따르면, 지식근로자들은 '육체적 노동이나 수작업 기술을 사용하기보다는 학교에서 배운 지식을 일에 활용하고 보수를 받는 사람' 이다. 지식근로자들이 여느 근로자들과 다른 점은 '이론적 · 분석적 지식을 획득하고 적용하는 능력' 에 있다(달리 말해 이들은 좌뇌형 사고에 뛰어나다). 지식근로자들이 사회의 다수를 차지하게 되지는 않겠지만, 이들의 특성 · 태도 · 리더십 등은 다가오는 지식사회의 성격을 규정할 것이라고 드러커는 설명했다. 드러커의 판단은 정확했다. 지식근로자와 그들의 사고방식은 현 시대의 특징, 리더십, 사회적 성격을 규정지었다.

미국 중산층의 경우, 이렇듯 지식근로자의 땅으로 가기 위해서는 반드시 거쳐야 할 관문이 있다. 바로 PSAT, SAT, GMAT, LSAT, MCAT 등이 그것이다. 재미있는 것은 이들의 마지막 두 철자(A와 T)가 모두 동일하다는 점이다. 이는 모두 전형적인 좌뇌형 사고를 측정하는 시험들이다. 논리력과 분석력을 요구하고 수험생들에게 컴퓨터처럼 한 개의 정답만 골라내기를 요구한다.

이들 시험을 풀기 위해서는 순차적으로 주어진 시간 내에 문제를 해결해야 한다. 수험생은 한 개의 문제에서 한 개의 답을 골라낸다. 그러고는 다음 문제로 넘어가고, 또 다음 문제로 넘어가면서 시간이 종료될 때까지 시험을 치른다.

이 같은 시험방식은 학력 중심의 사회에서 엘리트 집단 및 중산층 사회로 들어가기 위한 통과의례와도 같은 역할을 해왔다. 이에 따라 사람들은 논리적이고, 순차적이며, 빠른 사고능력을 키워야만 했다. 이는 단지 미국만의 현상이 아니다. 영국의 입학시험에서부터 일본의 콩나물 교실에 이르기까지 거의 모든 선진국들은 좌뇌형 지식근로자들을 양산하기 위해 시간과 노력을 아끼지 않았다.

이러한 현상은 사회에 큰 영향을 미쳤다. 그다지 부정적인 것만도 아니었다. 사회에 만연하던 귀족주의를 걷어냄으로써 다양한 계층의 사람들에게 평등한 교육의 기회를 제공했고, 전문직의 문호를 넓혔다. 결과적으로 세계 경제의 발전을 촉진하고 생활수준을 향상시켰다.

그러나 21세기에 들어 학력 중심의 사고는 큰 변혁을 맞이하고 있다. 우뇌형 사고를 하는 사람들이 점점 많은 주목을 받기 시작했다. 즉, 좌뇌형 사고보다 우뇌형 사고의 중요성이 상대적으로 증가하기 시작한 것이다. 이런 뉴스를 대하는 사람들의 태도는 2가지로 나뉜다. 이를 매우 반갑게 받아들이는가 하면 그다지 달갑지 않게 받아들이는 사람들도 적지 않다.

본 장은 주로 후자의 사람들, 즉 부모의 충고에 따라 여러 자격시험에서 좋은 점수를 얻어왔던 사람들을 위한 것이라고 할 수 있다. 앞으로는 이러한 주장에 대한 근거를 제시해보고자 한다. 아울러 그 변화의 원인과 영향에 대해서도 살펴보도록 하겠다.

우선 그 원인을 꼽아보면, 풍요와 아시아의 부상 그리고 자동화를 들 수 있다.

풍요 : '소비'를 넘어 '소유'를 갈망하는 사람들

1970년대 풍경 하나.

어머니는 매년 8월이 되면 나와 형제들을 데리고 시내에 있는 대형 쇼핑센터로 가셨다. 새 학년을 맞이하는 형제들의 옷과 학용품을 구입하기 위해서였다. 오하이오 주 중심에 위치한 시어스(Sears)나 JC페니(JCPenny) 등 전국 백화점이나 라자러스(Lazalus) 같은 지방 백화점에는 10개 이상의 아동복 의류 매장들이 입점해 있었고, 이들 백화점 사이에는 30개 이상의 중소 의류 매장들이 자리 잡고 있었다.

우리 가족에게 백화점 쇼핑은 더없는 행복이었다. 날씨에 구애받지 않고 쾌적하게 쇼핑을 즐길 수 있는 대형 매장들은 우리에게 중산층으로서의 '풍요로운' 삶을 상징하는 것이었다.

하지만 2000년대의 우리 아이들은 좀 다르다. 우리 집에서 자동차로 20분 거리에는 약 40개의 초대형 쇼핑몰이 들어서 있다. 규모나 호화로움, 그리고 판매상품 면에서 30년 전과는 비교가 되지 않는다. 그러나 아이들은 별다른 감흥을 얻지 못하는 눈치다.

버지니아 주 북부 1번가에 위치해 있는 쇼핑센터 포토맥야드 (Potomac Yard)의 경우를 예로 들어보겠다.

8월의 어느 토요일 아침, 나와 아내는 세 아이와 함께 신학기 준비를 위해 포토맥야드로 쇼핑을 나섰다. 우리는 그곳의 가장 끝자락에 자리한 의류 매장에서부터 쇼핑을 시작했다. 메로나(Merona)의 블레이저, 아이작 미즈라히(Issac Mizrahi)의 재킷 그리고 리즈 레인지(Liz Lange)의 임부복을 구입했다. 모두 유명 디자이너 자신의 이름을 내건 브랜드였다.

아동복 코너에도 들렀다. 모시모(Mossimo)에는 내 두 딸에게 어울리는 바지와 재킷 세트를 비롯해 다양한 디자인의 옷들을 진열해놓고 있었다. 질적으로나 양적으로나 내 어린 시절인 1970년대와는 비교할 수도 없었다.

그런데 특이한 점은 옷값이 그때보다 저렴했다는 사실이다. 옷감이며 디자인이 훨씬 훌륭하고 세련됐는데도 말이다. 모시모의 아동복 세트는 14.99달러, 아내가 입으려고 구입한 아이작 미즈라히 재킷은 49달러에 불과했다. 생활제품 매장도 마찬가지였다. 부모님 세대 때보다 더 좋은 품질의 물건들이 전보다 더 저렴한 가격에 판매되고 있었다.

저렴한 가격 외에 커다란 차이점이 하나 더 있었다. 매장 규모가 이전과 비교할 수 없을 만큼 커졌다는 것이다.

문구 매장인 스테이플스(Staples)는 560평 규모에 7,500여 가지 학용품과 사무용품으로 가득했다(스테이플스는 미국과 유럽에 1,500개 이상의 지점을 두고 있다). 그 옆 펫스마트(PETsMART)도 마찬가지였다. 애완동물용품 매장인 이곳은 미국 및 캐나다 전역에 600여 개 지점을 운영하며 하루 평균 1만 5,000달러 이상의 매출을 올리고 있다. 게다가 애완동물 전용 스튜디오까지 갖춰놓고 있다.

펫스마트 옆에는 전자제품 매장 베스트바이(BestBuy)가 들어서 있었다. 여기는 우리 동네 한 블록을 합한 것보다 규모가 컸다. 홈시어터 코너에는 PDP나 LCD TV가 화면 크기와 브랜드별로 다양하게 진열돼 있었다.

포토맥야드 쇼핑센터의 전체 규모는 이들을 몇 배 합친 것보다 더 컸다. 사실 이 같은 대규모 쇼핑센터의 등장은 전혀 놀랄 만한 일이 아니다. 이미 이런 곳들이 미국 곳곳에 생긴 지 오래며 유럽과 아시아

지역도 마찬가지다.

'풍요'를 말하고자 꺼낸 얘기다. 지금까지 인류 역사는 빈곤과 궁핍이란 단어가 늘 함께해 왔다. 그러나 지금은 다르다. 오늘날 세계는 넘치는 풍요 속에 살고 있다고 해도 과언이 아니다. 이렇듯 좌뇌는 우리를 부자로 만들었다. 드러커가 명명한 지식근로자 집단의 힘 덕분에 우리는 이전 우리의 증조부들이 상상할 수 없었던 생활수준을 누리게 된 것이다. 우리가 누리고 있는 풍요의 일면은 다음과 같은 사례에서도 살펴볼 수 있다.

- 20세기에는 미국 중산층의 염원이 실현되어 대부분의 가정이 집과 자동차를 소유하기에 이르렀다. 미국인 3명 중 2명 이상이 생전에 집을 소유하고 있다(실제로 오늘날 새로 구입되고 있는 주택의 약 13퍼센트는 세컨드 홈, 즉 두 번째 집이다). 자동차의 경우 미국에는 운전면허증 소지자보다 자동차의 수가 더 많다. 이는 평균적으로 운전을 할 수 있는 모든 사람들이 자기 차량을 소유하고 있다는 뜻이다.

- 오늘날 미국의 슈퍼마켓들은 약 3만여 종의 다양한 품목을 판매하고 있는데, 이는 20년 전과 비교해 2배가 넘는 수치다. 어떤 전문가는 "슈퍼마켓에 들어가본 사람이라면 누구나 마르코 폴로가 생전에 마주했던 것보다 더욱 새로운 세계를 만나게 될 것이다"고 논평했다.

- 자기보관창고(self-storage) 비즈니스(개인들에게 여분의 물건을 보관

할 수 있는 장소를 제공하는 사업)의 미국 내 사업 규모는 연간 120억 달러에 이른다. 이는 영화산업보다 큰 규모다. 게다가 다른 나라에서는 이 사업이 좀 더 빠르게 성장하고 있다.

- 우리는 더 많은 물건들을 쌓아두기 어려워지면 그대로 내다버리고 있다. 비즈니스 칼럼니스트인 폴리 라바르(Polly LaBarre)는 이렇게 쓰고 있다. "미국인들이 쓰레기를 처리하기 위해 사용하는 돈은 다른 90개 나라 국민들이 물건 구입에 지출하고 있는 총 금액보다 많다. 달리 말해 우리의 쓰레기 저장소는 전세계 나라들의 거의 절반에서 소비되고 있는 모든 물건보다도 비싼 것이다."

그러나 좌뇌의 승리에 기반을 둔 이러한 풍요는 의외의 결과를 가져왔다. 바로 우뇌적 감수성을 요구하기 시작한 것이다. 거침없이 늘어난 부는 좀 더 아름답고 영적이고 감각적인 우뇌적 가치를 필요로 하고 있다. 비즈니스 면에서 볼 때 제품의 합리적인 가격과 다양한 기능만으로는 더 이상 사람들을 충분히 만족시킬 수 없었다. 작가 버지니아 포스트렐(Virginia Postrel)이 "피하기 어려운 미학"이라고 부른 아름다움, 독창성, 의미 그리고 영속적인 무언가가 더 필요해진 것이다.

이러한 변화를 가장 잘 보여주는 사례는 우리 가족이 쇼핑을 나섰을 때 그랬던 것처럼 중산층이 '디자인'에 마음을 빼앗겼다는 점이다. 최근에는 세계적으로 유명한 카림 라시드(Karim Rashid)와 필립 스탁(Philippe Starck)과 같은 디자이너들이 중산층을 대상으로 한 모든 종류의 제품들을 디자인하고 있다. 라시드의 가르보(Garbo) 쓰레기통은 거의 300만 개나 팔려나갔다. 디자이너가 쓰레기통을 만들고, 또 그 쓰레기통이 대히트를 쳤다. 좌뇌로서는 이해하기 어려운 현상이다.

그렇다면 다음과 같은 제품은 어떤가?

사진 속 제품은 변기 청소용 솔이다. 마이클 그레이브스(Michael Graves)가 디자인한 제품으로 그는 프린스턴대학교 건축학 교수이자

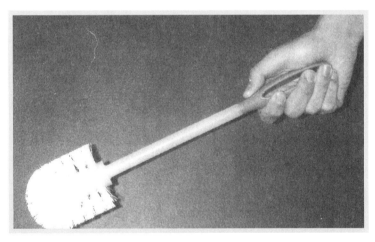

세계적인 건축가 마이클 그레이브스가 디자인한 변기 청소용 솔

세계에서 가장 유명한 건축가 중 한 사람이다. 이 솔의 가격은 5달러 9센트. 풍요는 우리에게 아름다운 쓰레기통과 유명한 건축가의 변기 청소용 솔을 찾게 만들었다. 즉, 실용적이고 일상적인 물건들을 '갖고 싶은 물건'으로 만들어놓은 것이다.

풍요의 시대에는 이성적이고 논리적이며 기능적인 면에 호소하는 것만으로는 충분하지 않다. 그것이 시각적 혹은 정신적인 만족감을 주지 못한다면 사람들로부터 냉대를 면할 수 없게 됐다. 너무나도 많은 대체상품들이 있기 때문이다. 디자인, 감정이입, 유희와 같은 소프트한 특성, 그 신비한 힘은 해당 제품을 차별화하는 주요한 경쟁력으로 작용하고 있다.

이렇듯 풍요는 우리의 일상생활에 '아름다움'이라는 우뇌적 사고를 고양시켰다. 그리고 다른 한편으로는 삶의 '가치'를 돌아보도록 만들었다. 좌뇌가 쌓아올린 물질적인 풍요가 반드시 우리의 삶을 행복하게 만들어주는 것은 아니라는 사실을 깨닫게 된 것이다.

수십 년에 걸쳐 우리의 생활수준은 꾸준히 높아졌다. 하지만 개인과 가족의 삶의 만족도는 좀처럼 높아지지 않았다. 이것은 풍요가 던져준 부의 역설이다.

이에 많은 사람들이 삶의 의미를 찾고자 몸부림치고 있다. 과거에는 이국적으로 여겨졌던 요가와 명상이 미국 중산층 사이에 자리 잡은 것도 그런 노력 가운데 하나다. 삶의 의미와 목적을 찾고자 하는 신비주의적이고 종교적인 색채의 책과 영화의 등장은 더 이상 낯선 풍경이 아니다.

컬럼비아대학교의 앤드류 델방코(Andrew Delbanco) 교수는 이를 두고 다음과 같이 설명했다.

"현 시대의 가장 두드러진 문화적 특징은 초월성에 대한 채워지지 않는 열망이다."

현대인들은 하루하루의 삶에 급급하기보다는 좀 더 폭넓은 삶의 가치에 초점을 맞추고 있다. 물론 모든 사람이 물질적 풍요를 누리며 사는 것은 아니다. 하지만 근간에 일궈낸 경제적 풍요는 수억 명의 사람들을 생존 투쟁으로부터 자유롭게 만든 것이 사실이다. 이렇듯 생존 투쟁에서 자유로워진 사람들은 좀 더 본질적인 의미에서 자신의 존재를 확인하고자 했다.

이를 두고 노벨 경제학상 수상자인 로버트 W. 포겔(Robert W. Fogel)은 이렇게 말했다.

"경제적 풍요는 극소수 사람들만이 추구하던 자아실현을 거의 모든 사람이 추구할 수 있는 상황으로 변화시켰다."

혹시나 여전히 이를 확신하지 못하는 독자가 있을까 싶어 새로운 통계를 하나 소개하고자 한다. 바로 양초다. 한 세기 전만 해도 양초는 우리에게 유효한 수단이었다. 하지만 전구가 발명되고부터 상황은 달라졌다. 전구는 오늘날 싸고 흔한 일상생활용품으로 우리 곁에 필수품으로 자리 잡고 있다. 그렇다면 양초의 운명은 어떻게 변했을까? 사람들은 여전히 초를 필요로 할까?

사실 좌뇌적 논리로 보자면 양초는 전기가 나가는 정전과 같은 특수한 경우를 제외하고는 별다른 필요가 없다. 그러나 사람들은 여전히 양초를 필요로 한다. 미국의 양초 시장 규모는 연간 24억 달러에 달한다. 결코 적지 않은 수요다. 사람들은 양초를 왜 찾을까? 단순히 어둠을 밝히기 위해서? 양초의 소비자들은 그 기능보다는 양초가 지니는 상징적인 의미에 초점을 맞춘다. 결국 양초에 대한 수요는 아름다움과 초월성에 대한 사람들의 욕구를 대변하는 하나의 상징으로 풀이될 수 있을 것이다.

아시아 : '아웃소싱'의 세계화

아래 사진 속 인물들은 내가 이 책을 집필하는 기간에 만났던 인도 젊은이들이다.

이들은 지식근로자의 덕목을 그대로 지니고 있는 전형적인 인물들이다. 중산층의 똑똑한 여느 자제들처럼 부모님의 충고를 잘 따랐다. 열심히 노력해 명문 대학에 진학했고, 엔지니어 학위를 취득했으며, 현재는 유명 소프트웨어 회사에서 노스아메리칸 은행 및 항공을 위

서구의 하이테크 업무를 수행하는 인도의 엔지니어들

한 코드작성 업무를 담당하고 있다. 이 같은 하이테크 업무를 수행하며, 1만 4,000달러 정도의 연봉을 받고 있다.

이들은 새롭게 등장한 서구 지식근로자들의 위협적인 경쟁자들이다. 이들이 하고 있는 일은 최근까지 서구의 지식근로자들이 연봉 7만 달러에 수행하던 임무였다. 그러나 이제는 이들 20대 인도 젊은이들이 타코벨 매장 점원 정도의 급여를 받으면서 하는 일이 됐다.

인도 뭄바이에 있는 소프트웨어 기업 랠리트 수야완시(Lalit Suryawanshi)는 다국적 기업이 필요로 하는 프로그래밍 작업을 하고 있다. 물론 랠리트 수야완시의 컴퓨터 작업은 고도의 기술을 요구하는 정교한 형태의 프로그래밍은 아니다. 그러나 어쨌든 기업들은 이

기술을 얻기 위해 연간 7만 달러 이상의 연봉을 지급했었다. 하지만 이제 그런 작업은 아웃소싱의 대상이 됐다.

이는 북미와 유럽에 있는 소프트웨어 엔지니어들을 비롯한 좌뇌형 전문직 종사자들에게 커다란 위협 요소다. 최근 들어 아웃소싱보다 더 많은 논쟁을 일으키거나 더 많은 걱정을 촉발시킨 주제도 없을 것이다. 이는 수많은 저항과 보이콧, 그리고 정치적 행동을 촉발시켰다.

그러나 랠리트 수야완시는 전세계를 휩쓸어버릴 수 있는 거대한 쓰나미 중 하나의 물방울에 불과하다. 매년 인도의 대학들은 약 35만 명의 엔지니어 졸업생들을 배출하고 있다. 이는 〈포춘(Fortune)〉 500대 기업 중 절반 이상이 소프트웨어 업무를 인도에서 아웃소싱하고 있는 이유 중 하나다. 예를 들어 GE의 소프트웨어 중 약 48퍼센트는 인도에서 개발되고 있다. GE는 인도에서 무려 2만 명을 고용하고 있다(인도 지사에는 '문만 열면 고용됨' 이라는 우스개 낙서가 적혀 있을 정도다).

HP는 인도에서 수천 명의 소프트웨어 엔지니어를 고용하고 있다. 지멘스(Siemens)는 현재 3,000명의 컴퓨터 프로그래머를 인도에서 고용했으며, 새롭게 1만 5,000개의 일자리가 해외로 이전될 예정이다.

오라클(Oracle)은 5,000명의 인도인 직원들을 고용하고 있다. 인도의 대형 IT 컨설팅 회사인 위프로(Wipro)는 1만 7,000명의 엔지니어를 고용해 홈데포(Home Depot), 노키아(Nokia), 소니(Sony) 등 대규모 고객사들의 일을 처리하고 있다. 그밖에도 이 회사의 고객 리스트에는 수없이 많은 기업들이 올라 있다.

GE 인도 지사의 CEO는 〈파이낸셜타임스(Financial Times)〉와의 인터뷰에서 다음과 같이 밝혔다.

"미국 · 영국 · 호주 등 영어권 시장의 어떤 직종의 일도 인도에서 이뤄질 수 있습니다."

컴퓨터 프로그래밍과 같은 IT 계통의 일 외에도 이미 모건스탠리(Morgan Stanley), JP모건체이스(JP Morgan Chase) 등과 같은 금융 서비스 기업들은 회계 · 재무 분석 등의 업무를 인도 MBA들에게 맡기고 있다. 그리고 인도 전역에 걸쳐 미국 기업에 고용되어 세무환급 업무를 처리하는 회계사도 많다. 그 밖에도 미국에서 벌어지는 재판을 위해 법률연구를 담당하는 인도인 변호사, 미국 병원에서 촬영된 CT(Computed Tomography, 컴퓨터 단층촬영) 판독작업을 하는 인도인 방사선 전문의들도 쉽게 찾아볼 수 있다.

이는 인도에 국한되는 현상이 아니다. 모든 종류의 좌뇌형 화이트칼라 업무가 세계 곳곳으로 옮겨가고 있다. 모토로라(Motorola), 노텔(Notel), 인텔(Intel) 등은 러시아에서 소프트웨어 개발센터를 운영하고 있다. 보잉(Boeing) 또한 항공기 제작 업무의 상당 부분을 러시아에서 수행하고 있다. 컴퓨터 서비스 분야의 거대 기업인 일렉트로닉데이터시스템즈(Electronic Data Systems)는 이집트, 브라질, 폴란드 등지에서 소프트웨어 개발자를 고용하고 있다.

한편 헝가리 건축가들은 캘리포니아에 있는 디자인 회사를 위해 기초 청사진을 제작하고 있다. 필리핀 회계사들은 캡제미니어니스트&영(Cap Gemini Ernst & Young)을 위해 회계감사 업무를 하고 있다. 그리고 네덜란드 기업인 필립스(Philips)는 이제 매년 미국과 거의 비슷한 수의 공과대학교 졸업생들을 배출하고 있는 중국에서 700명의 엔지니어들을 고용했다.

물론 가장 중요한 이유는 돈이다. 미국에서 칩 디자이너는 보통 7,000달러의 월급을 받는 반면 인도에서는 1,000달러를 받는다. 미국의 전형적인 항공기 기술자가 6,000달러의 월급을 받는 반면 러시아에서의 월급은 650달러에 불과하다. 그리고 미국의 회계사들이 한 달에 5,000달러를 버는 반면 필리핀 회계사들은 한 달에 약 300달러를 가져간다. 필리핀의 1인당 국민소득이 500달러인 점을 감안하면 이는 결코 적은 돈이 아니다.

지식근로자들 전체의 입장에서 볼 때 다가올 새로운 세계 질서는 꿈을 이룰 수 있는 세상이다. 하지만 유럽과 북미 지역의 화이트칼라, 좌뇌형 근로자들의 입장에서는 악몽으로 다가오고 있다. 예를 들어보자.

- 미국의 컴퓨터 소프트웨어, 정보기술 산업의 일자리 10개 중 하나는 향후 2년 내에 해외로 이전될 전망이다. 2010년까지 IT 일자리 4개 중 하나는 해외에서 창출될 것이다.

- 포레스터리서치(Forrester Research)에 따르면, 2015년까지 적어도 330만 개의 화이트칼라 일자리와 이에 따른 1억 3,600만 달러 상당의 임금이 미국에서 저비용 국가인 인도·중국·러시아 등지로 흘러갈 것이다.

- 일본·독일·영국과 같은 나라에서도 마찬가지로 일자리가 줄어들 전망이다. 영국에서만 향후 몇 년 내에 2만 5,000개의 IT 산업 일자리와 3만 개의 금융계 일자리가 인도를 비롯한 개발도상국들로 옮겨질 것이다.

이러한 경향은 오랫동안 세계화의 혜택을 누려왔던 북미·유럽·일본·호주 등의 지식근로자들에게 큰 위협이 될 것이 분명하다. 다양한 종류의 재무분석, 방사선 판독, 컴퓨터 프로그래밍 같은 일상적인 좌뇌형 업무들이 표준화만 된다면 상당 부분 어느 곳이든 비용이 저렴한 해외에서 처리되어 광섬유를 통해 즉각 고객들에게 전달될 것이다.

이 같은 급격한 변화는 많은 사람들에게 시련을 안겨줄 전망이다. 하지만 냉정하게 따져보면, 예전에 이미 겪은 바 있는 현상이다. 이는 20세기 후반 반복적인 대량생산 업무가 해외로 옮겨갔던 상황과 매우 비슷하다. 이때 일자리를 뺏긴 공장 근로자들은 새로운 기술을 익히고 철강 대신 컴퓨터 엑셀을 익혔다. 그처럼 오늘날 많은 지식근로자들 또한 새로운 태도와 마음가짐을 가져야 한다.

해외에 있는 경쟁자들이 좀 더 낮은 수준의 임금을 받으면서도 동등한 수준으로 수행할 수 있는 일이 아닌, 더욱 어려운 일을 추구할 필요가 있다. 일상적인 컴퓨터 업무를 수행하기보다는 관계구축 업무를 수행하고, 일상적인 문제를 해결하기보다는 새로운 기회를 탐색하는 업무를 하며, 단일 요소를 분석하는 업무보다는 큰 그림을 합성하는 업무와 같은 우뇌형 능력을 발휘할 수 있어야 한다.

자동화 : 변호사와 의사도 안전하지 않다

두 명의 인물을 더 만나보자. 한 명은 전설처럼 회자되는 인물이다. 다른 한 명은 아쉽게도 영웅의 자리에서 밀려난 실존인물이다. 미국 우표에도 등장하는 첫 번째 인물은 진정 기념비적 일화를 갖고 있다.

미국 학생들이라면 누구나 알고 있는 존 헨리(John Henry)가 그 주인공이다. 토목공사 현장에서 일하던 근로자 헨리는 타고난 힘의 소

유자로 강인한 체력과 성실한 성격의 인물이었다(불행하게도 그가 실존인물이었다고 확신하는 사람은 없다. 많은 역사가들은 남북전쟁이 끝난 뒤 철도공사장에서 일하던 단순노무자였다고 추측하지만 어느 누구도 그가 실존인물임을 입증하지는 못했다. 어떤 이는 그가 노래와 이야기 속에서만 존재하는 가상인물이라고 주장하기도 한다). 그는 철도를 놓기 위해 산을 뚫는 일을 담당하던 인부였다고 전해진다. 그러나 헨리는 평범한 노무자들과는 달랐다. 그는 이 세상 어떤 사람보다도 빠르고 강력하게 강철연장을 다루었으며 용맹무쌍한 활약을 통해 전설적인 인물로 떠올랐다.

전해져 내려오는 이야기에 따르면, 어느 날 한 세일즈맨이 새로 출시된 증기기관 드릴을 공사장으로 갖고 와서는 그것이 어떤 힘센 사람보다도 훨씬 일을 잘한다고 주장했다고 한다. 헨리는 쇳덩어리가 인간의 근육에 필적할 수 있다는 그의 주장을 비웃었다. 그래서 그는 누가 더 빠르게 산허리를 뚫고 나갈 수 있는지 인간 대 기계의 대결을 제안했다.

이튿날 오후, 역사적인 대결이 펼쳐졌다. 증기드릴은 오른쪽에서, 헨리는 왼쪽에서 각기 산을 뚫기 시작했다. 처음에는 기계가 앞서나

가기 시작했지만 헨리가 빠르게 기계를 따라잡았다. 산을 뚫는 과정에서 큰 돌조각들이 비 오듯 쏟아져 내리기도 했다.

얼마 안 되어 헨리는 경쟁자를 바싹 추격하기에 이르렀다. 그리고 대결이 끝나기 바로 직전 그는 간발의 차이로 증기드릴을 제치고 산의 다른 쪽을 먼저 뚫고 나가는 데 성공했다. 그를 응원하던 동료들은 일제히 환호성을 질렀다. 하지만 그는 초인적인 힘을 소진하고 난 뒤 쓰러지고 말았다. 그러고는 안타깝게도 숨을 거두었다.

이 이야기는 널리 퍼져나갔다. 존 헨리의 죽음은 산업 시대의 도래를 상징하는 하나의 일화로서 문학을 비롯해 많은 예술작품의 소재로 사용됐다. 오늘날 기계는 어떤 면에서 인간을 압도하는 데 성공했다. 그 결과 인간이 지닌 존귀함의 척도 또한 변화를 맞이하기에 이르렀다.

이제 두 번째 인물에 대해 살펴보기로 하자. 게리 카스파로프(Garry Kasparov)는 20세기 최고의 체스 챔피언이자 역사상 가장 뛰어난 선수로 평가받는 인물이다. 아울러 그는 뛰어난 재능을 가졌지만 마침내 기계에게 굴복해, 존 헨리와 곧잘 비교되는 인물이기도 하다.

1985년 카스파로프는 세계 체스 선수권대회에서 처음 우승했다. 그리고 1985년 이래 10년 동안 단 한 번도 우승을 놓친 적이 없었다.

이에 몇몇 연구팀들은 체스 경기를 할 수 있는 컴퓨터 프로그램을 개발하기 시작했다. 그리고 1996년 카스파로프는 당시 세계 최고의 실력을 자랑하던 체스 컴퓨터에게 패배의 쓴잔을 마시고 만다. 이어 1997년 딥 블루(Deep Blue)라는 이름의 더욱 강력한 1.4톤짜리 IBM 슈퍼컴퓨터와 6연전을 치르게 된다. 어떤 사람들은 이를 두고 "인간 두뇌의 마지막 저항"이라고 표현하기도 했다. 컴퓨터 딥 블루는 카스파로프를 꺾었다.

〈인사이드체스(Inside Chess)〉라는 잡지는 이러한 결과를 '대혼돈' 이라는 상징적인 단어로 묘사했다. 이에 자기 자신은 물론 살아 있는 모든 좌뇌형 인간을 대신해 복수를 결심한 카스파로프는 컴퓨터를 상대로 재대결을 준비했다.

새로운 상대는 딥 주니어(Deep Junior)라는 이름의 한층 더 강력해진 이스라엘 컴퓨터였다. 딥 주니어는 세계 컴퓨터 체스대회에서 세 차례나 우승한 바 있었다. 여러 가지 면에서 볼 때 체스는 전형적인 좌뇌형 게임이다. 경기의 승리는 '이성적인 사고'와 '정확한 계산'이라는, 컴퓨터가 뛰어난 능력을 발휘할 수 있는 2가지 소질에 크게 의존한다.

카스파로프는 체스판을 들여다보면서 1초에 1~3가지 수를 생각한다고 말했다. 이는 보통 사람이 흔히 할 수 없는 일이다. 하지만 딥 주니어의 경우에는 우리를 더욱 놀라게 만든다. 딥 주니어는 1초에 무려 200~300만 가지의 수를 계산한다고 한다. 이에 대해 카스파로프는 64개의 사각형으로 이뤄진 경기장에서 인간이 컴퓨터와의 대결에서 승리할 수 있는 또 다른 유리한 면이 있을 것이라고 믿었다.

2003년 미국 슈퍼볼 경기가 치러지던 날, 카스파로프는 뉴욕 시내의 호화로운 체육관에서 100만 달러의 상금을 놓고 6연전 경기를 시작했다. 인간 대 기계가 벌이는 상징적인 대결이었다. 수백 명의 사람들이 경기장을 찾았으며, 수백만 명의 사람들이 인터넷을 통해 그들의 경기를 지켜봤다.

첫 번째 경기는 카스파로프의 승리였다. 두 번째 경기는 무승부였다. 세 번째 경기에서는 초반의 우세한 국면을 끝까지 유지하지 못한 채 카스파로프가 딥 주니어의 함정에 빠져 패배하고 말았다. 네 번째 경기에서 카스파로프는 불안한 플레이를 펼치다가 가까스로 비겼다.

당시 그는 세 번째 경기를 놓친 것에 여전히 신경이 곤두서 있었으며 "잠을 못 이루고 자신감을 잃은 상태였다"고 고백했다. 다섯 번째 경기 또한 무승부를 기록했다. 최종 결과는 마지막 여섯 번째 승부를 통해 판가름이 날 것이었다. 다행히 여섯 번째 경기에서 카스파로프는 재빨리 승기를 잡았다. 훗날 〈뉴스위크(Newsweek)〉는 다음과 같이 보도했다.

"카스파로프의 상대가 컴퓨터가 아니라 인간이었다면, 그의 저돌적인 공격성은 결국 승리를 일궈냈을 것이다. 하지만 그는 인간을 상대로 경기를 하는 것이 아니었다. 망설이다가 약간의 실수를 범하는 바람에 유리한 국면을 망쳐버리고 말았다. 감정이 없는 기계였다면 생각할 수 없는 실수였다. 카스파로프가 인간을 상대했을 때 그랬듯이, 컴퓨터도 상대의 실수를 효과적으로 이용했다. 그러자 천하의 카스파로프도 당황한 나머지 경기 내내 무력한 모습을 보이고 말았다."

결국 마지막 경기도 무승부로 끝났다. 이로써 전체 6연전의 결과는 무승부로 대단원의 막을 내렸다.

인간은 많은 장점을 갖고 있다. 하지만 체스에 관한 한 컴퓨터는 좀 더 빠르고 강력한 힘을 보이고 있다(그리고 규칙에 따른 논리, 계산, 순차적 사고에 크게 의존하는 다른 행동들 또한 점점 더 그런 경향이 있다). 게다가 컴퓨터는 피로를 모른다. 두통을 앓거나 고민을 하는 법도 없다. 정신적인 압박에 시달리거나 실패에 연연하지도 않는다. 관중들이 어떻게 생각할까 걱정하거나 언론에서 어떻게 떠들어댈까 신경 쓰지도 않는다. 술이나 약물로 인해 멍한 상태로 있지도 않고 실수를 범하지도 않는다. 그리고 당대 최고의 체스 달인 앞에서도 결코 주눅 들거나 초조해 하는 법이 없다.

1987년 카스파로프가 체스계의 무서운 신예로 명성을 날릴 무렵 그는 "어떤 컴퓨터도 나를 이길 수 없다"고 호언장담했다. 그러나 이제는 21세기의 존 헨리가 되어 다음과 같이 말한다.

"나는 인간에게 몇 년 동안 유예기간을 줬을 뿐이다. 바야흐로 기계들은 매 경기마다 이길 것이고, 우리는 단 한 게임이라도 이겨보고자 발버둥칠지도 모른다."

지난 세기, 기계들은 인간의 물리적 힘을 대신할 수 있음을 증명했다. 그리고 21세기 새로운 과학기술은 기계가 인간의 좌뇌를 대체할 수 있음을 입증하고 있다. 경영학계의 구루인 톰 피터스(Tom Peters)가 이에 대해 잘 설명한 바 있다.

"화이트칼라 근로자들에게 소프트웨어란 정신적 업무를 수행하는 지게차와도 같다."

물론 소프트웨어가 좌뇌의 업무를 완전히 대체할 수는 없을 것이다. 하지만 상당 부분을 잠식할 것이며 나머지 업무의 모습도 새롭게 바꿔놓을 전망이다. 모든 일상적인 업무들이 몇몇 규칙에 따라 간소화되거나 반복 수행될 수 있는 단위업무로 세분화될 것이다. 월급 200달러에 고용되는 인도 회계사들조차도 터보텍스(TurboTax) 프로그램이 처리할 수 있는 간편한 회계업무를 하지는 않는다. 이에 대해 컴퓨터 과학자 버넌 빈지(Vernon Vinge)는 다음과 같이 말했다.

"예전에는 일상적인 기술을 가진 사람이면 누구나 프로그래머로서 직장에서 환영받았습니다. 하지만 이제 더 이상 그렇지 않습니다. 일상적인 많은 기능들이 점점 기계에게 넘어가고 있습니다."

실제로 영국의 소기업 어플리제닉스(Appligenics)는 이미 소프트웨어를 작성하는 소프트웨어를 만들어냈다. 인도의 프로그래머든, 아니면 이보다 급여를 더 많이 받고 있는 미국의 프로그래머든, 흔히 인간이 컴퓨터 코드를 하루에 400줄 쓸 수 있는 반면 어플리제닉스의 어플리케이션은 그 정도의 작업을 단 1초도 안 되는 시간에 해치울 수 있다.

그 결과 사사로운 업무는 떨어져나가고 엔지니어와 프로그래머들은 좀 더 다른 소질, 즉 단순한 업무 능력보다는 창의력을, 세세한 업무에 공을 들이기보다는 좀 더 큰 그림을 그릴 수 있는 능력을 갖춰야 한다.

이러한 자동화의 혼란(?)은 단순히 IT 업무에만 국한되는 것은 아니다. 의사들의 업무도 상당 부분 바꿔놓고 있다. 의학적 진단의 많은 과정은 일련의 의사결정 구조를 따라 이뤄진다. 마른기침인가, 끊임없이 이어지는 기침인가? T-세포의 수가 기준치를 상회하거나 밑돌지는 않는가? 이 같은 질문의 답을 따라 의사결정을 해나간다.

컴퓨터는 의사결정 구조의 이원적 논리 프로세스를 인간이 따라갈 수 없을 정도로 순식간에 정확히 해낸다. 일련의 소프트웨어와 온라인 프로그램들은 환자들이 컴퓨터 스크린에 나타난 물음에 답해 가면서 의사들의 도움 없이 기초적인 진단을 받을 수 있도록 했다. 〈월스트리트저널(Wall Street Journal)〉에 따르면 "건강검진을 받는 소비자들은 이와 같은 도구를 통해 심각한 질병(심장질환·관상동맥질환·암 등)에 걸리지 않았는지의 여부를 확인하고, 이에 적합한 처방을 받기 시작했다"고 한다.

이처럼 의료·건강 정보의 전자적 데이터베이스는 폭발적으로 늘어나고 있는 추세다. 전세계 약 1억 명의 사람이 인터넷에 접속해 건강·의료 정보를 얻고 있으며, 한해 평균 2만 3,000개에 이르는 의료 관련 웹사이트를 방문하고 있다.

물론 의사들의 일상 업무를 소프트웨어로 바꾸는 작업은 쉽지 않은 일이다. 흔치 않은 질병을 가진 환자들은 여전히 노련한 의사들에게 의존하게 될 것이다. 그러나 이 책의 후반부에서 제시하겠지만 소프트웨어의 발전은 많은 의료관행들을 바꿔가고 있다. 의사들 스스로가 일상적이고 정보에 기반을 둔 업무에서 벗어나 사람의 감정을 보듬는 대화치료와 전체론적인 치료를 향해 가고 있다. 의사들의 역할이 박식한 정보전달자에서 동반자적 조언자로 바뀌어가고 있는 것이다.

비슷한 경향은 법률 분야에서도 일어나고 있다. 10여 개의 저렴한 법률정보 및 상담 서비스가 법조계의 모습을 바꿔가고 있다. 예를 들어 '고급 온라인 이혼 서비스센터'를 표방하고 있는 컴플리트케이스 닷컴(CompleteCase.com)은 249달러에 이혼업무를 처리해준다. 지금껏 많은 변호사들이 고소득과 사회적 명예를 누릴 수 있도록 도와준 정보독점의 벽을 허물어뜨리고 있는 셈이다.

뒤이어 등장한 로밴티지닷컴(Lawvantage.com)과 맥카운셀닷컴 (MyCounsel.com)을 비롯한 웹사이트들은 기본적인 법률양식과 기타 서류작성에 불과 14.95달러만 받고 있다.

〈뉴욕타임스(New York Times)〉는 "이제 법률고객들은 변호사들에게 수천 달러를 지불하면서 계약서 초안을 의뢰하는 대신, 온라인에서 적절한 양식을 찾아 기입한 뒤 단지 몇 백 달러만 지불하고 변호사들에게 검토를 의뢰하고 있다"고 전했다. 이는 법률 서비스 산업이 근본적인 변화에 직면하게 됐으며, 전통적인 서비스에 대한 수요가 감소되면서 변호사의 수임료가 줄어들 것을 의미한다.

이러한 변화 속에서 살아남기 위해 변호사들은 좀 더 복잡한 문제를 담당하고자 할 것이다. 데이터베이스와 소프트웨어가 할 수 없는 업무, 다시 말해 카운슬링이나 중재 또는 법정변호 등 우뇌형 사고가 필요한 서비스를 제공하고자 할 것이다.

정리하자면 앞서 밝힌 3가지의 변화가 좌뇌형 사고의 중요성을 상대적으로 감소시키는 대신 우뇌형 사고의 중요성을 상대적으로 증가시키고 있다. '풍요'는 수백만 명의 사람들에게 필요 이상의 물질적 혜택을 제공함으로써 만족, 심지어 과다 만족을 선사했다. 그 결과 아름다움과 인간의 감정에 대한 중요성이 높아졌고 사람들에게 정신적 의미를 찾도록 만들었다.

'아시아'는 많은 양의 일상적인 업무, 화이트칼라 업무, 좌뇌 업무를 좀 더 저렴한 가격으로 빼앗아감으로써 선진국 지식근로자들이 해외로 이전될 수 없는 새로운 업무처리 능력을 개발하게끔 압박하고 있다.

'자동화'는 과거 블루칼라 세대가 그랬던 것처럼 오늘날 화이트칼라에게도 변화를 요구하고 있다. 그리하여 좌뇌형 전문가들로 하여금 컴퓨터가 대신할 수 없는 능력을 찾아 개발하도록 만들고 있다.

그렇다면 미래의 모습은 어떻게 전개될까? 자동화, 아시아, 풍요라는 힘에 의해 변화를 강요받고 있는 우리의 모습은 어떻게 변할 것인가?

'정보화' 사회에서
'컨셉과 감성'의 사회로

인류의 지난 150년의 세월을 한 편의 연극으로 각색해보자.

　풍요로워지고, 기술이 발전하고, 세계화로 각국의 경제가 서로 밀접하게 연결되면서 우리 사회는 빠른 속도의 변화의 부침을 겪고 있다. 동시에 그 핵심 인물들에게도 변화가 일어나고 있다. 지난 150년 동안 우리는 인간의 육체적 능력 위에 세워진 경제에서 인간의 좌뇌에 기반을 둔 경제로 옮겨왔다. 그리고 오늘날에는 다시 인간의 우뇌에 더욱더 의존하는 경제로 이동하기 시작했다고 말할 수 있다.

　〈그림 A〉는 산업화 시대의 전 단계인 농경 시대까지 확장해 이를

| 제1막 : 산업화 시대 |

대형 공장과 효율적인 조립 라인들이 경제에 활력을 불어넣었다. 이때의 주인공은 대량생산 근로자들이었다. 그들의 주요 특징은 육체적 힘과 강인한 체력이었다.

| 제2막 : 정보화 시대 |

미국을 비롯한 몇몇 나라들이 부상하기 시작한다. 대량생산이 무대 뒤로 사라지면서 정보와 지식이 선진 세계 경제의 원동력으로 떠올랐다. 2막의 중심인물은 좌뇌형 재능을 갖춘 지식근로자들이었다.

| 제3막 : 하이컨셉 · 하이터치 시대 |

바야흐로 풍요, 아시아, 자동화란 3가지 요소의 영향력이 확대되면서 3막의 커튼이 올라가고 있다. 이른바 하이컨셉 · 하이터치의 시대다. 3막의 주인공은 우뇌형 사고를 지닌 사람들이다. 이들은 창작자 및 다른 사람에게서 감정적인 공감을 이끌어낼 수 있는 능력의 소유자들이다.

묘사한 것이다. 수평축은 시간을 뜻한다. 수직축에는 풍요(affluence), 기술 발전(technological progress), 세계화(globalization)가 복합적으로 표시되어 있다(이를 줄여서 ATG라고 하겠다).

점점 더 부유해지고 점점 더 기술이 발전하고 세계 각국이 더욱더 밀접히 연결되어 가면서, 이 3가지 힘은 마침내 서로 결합해 우리를 새로운 시대로 내모는 동인으로 작용하고 있다.

이는 과거에 우리가 농경 시대에서 산업화 시대로, 또 정보화 시대

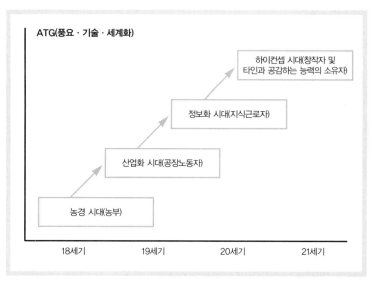

그림 A 농경 시대에서 하이컨셉 시대로

로 움직여온 것과 마찬가지다. 이러한 변화의 가장 최근 과정은 풍요(서구사회의 주요 특징인 물질의 풍요), 기술 발전(다양한 화이트칼라 업무의 자동화), 세계화(특정 형태의 지식노동이 아시아로 이전)에 기인한 하이컨셉 · 하이터치 시대로의 진입이다.

〈그림 B〉는 똑같은 진화를 묘사하고 있지만 여러분의 우뇌가 좀 더 쉽게 이해할 수 있는 그림이다.

요약하자면 우리는 농부의 사회에서 공장근로자의 사회로, 또 지식근로자의 사회로 발전해 왔다. 그리고 이제 창작자와 타인에게서 감정적 공감대를 이끌어낼 수 있는 사람들의 사회로 발전하고 있다.

그림 B 농경 시대에서 하이컨셉·하이터치 시대로의 진화

경제가 대량생산에 의존하던 시기에는 우뇌적 사고가 거의 주목받지 못했다. 지식노동으로 산업이 옮겨가면서 우뇌적 가치가 부각되기는 했지만 여전히 좌뇌적 사고의 보조 수단에 불과했다. 하지만 이제 북미·서유럽·호주·일본 등지에서는 우뇌적 사고가 사회적·경제적으로 경쟁력을 갖게 됐다. 때로는 좌뇌적 사고보다 우위의 가치를 점유하기도 한다. 점차로 우뇌형 능력이 좌뇌의 그것보다 우선되고 있으며, 우뇌형 재능을 지닌 이들이 전문가로서의 고유의 사회적 성취와 개인적 만족을 얻는 일이 많아졌다.

하지만 확실히 짚고 넘어가야 할 문제가 있다. 앞으로 예술가가 백만장자가 되고 컴퓨터 프로그래머는 식당에서 카운터나 지키는 신세로 전락한다는 뜻은 결코 아니다. 미래는 '좌뇌'가 뛰어난 사람이 몰락하고 '우뇌'가 뛰어난 사람이 승승장구하는 이원적인 세계가 아니라는 사실이다.

좌뇌적 사고는 여전히 필요불가결하다. 하지만 더 이상 그것만으로는 부족하다. 하이컨셉·하이터치 시대에 우리에게 필요한 것은 (양쪽 뇌를 모두 활용하는) 새로운 사고라고 할 수 있다.

하이컨셉·하이터치 : 개념과 감성의 시대

개념과 감성이 강조되는 시대에는 하이테크 능력을 바탕으로 한 하이컨셉과 하이터치 재능이 필요하다.

하이컨셉은 예술적·감성적 아름다움을 창조하는 능력을 말한다. 이는 트렌드와 기회를 감지하는 능력, 훌륭한 스토리를 만들어내는 능력, 언뜻 관계가 없어 보이는 아이디어들을 결합해 뛰어난 발명품으로 만들어내는 능력이다.

하이터치는 간단하게 말하자면 공감을 이끌어내는 능력이다. 인간관계의 미묘한 감정을 이해하는 능력, 한 사람의 개성에서 다른 사람을 즐겁게 해주는 요소를 도출해내는 능력, 평범한 일상에서 목표와 의미를 이끌어내는 능력이다.

자, 그렇다면 하이컨셉과 하이터치의 역할은 어떤 식으로 그 중요성이 강조될 것인가. 이를 증명하기 위해서 이들과는 전혀 관계가 없을 법한 장소에서부터 그 중요성을 살펴보기로 하겠다.

의과대학은 최고의 성적과 시험점수를 자랑하는 사람들, 즉 분석적인 사고능력이 발달한 이들의 전통적인 요람이라고 할 수 있다. 그런데 최근 들어 이곳에도 큰 변화가 일고 있다. 바로 미국 의과대학 교과목에 새로운 과정이 신설된 것이다.

컬럼비아 의과대학을 비롯한 여러 의과대학이 '이야기 치료(narrative medicine)'라는 과목을 신설해 많은 의대생들이 이를 수강하고 있다. 컴퓨터의 진단 기술이 아무리 발달했다 하더라도, 의사가 직접 환자들의 이야기에 귀를 기울이는 일이 중요하며 또 실제 치료에 효과적이라는 연구 결과가 나왔기 때문이다.

이 때문에 예일대학교 의대생들은 예일 예술센터에서 예술작품의 감상력을 기르기 위한 훈련을 받고 있다. 왜냐하면 미술공부가 학생들을 현명한 의사로 키워내는 데 도움이 된다는 대학당국의 판단 때문이다. 의대생들의 정신적 훈련에 관한 강의는 미국 전역에 걸쳐 50개 이상의 의과대학에 교과목으로 포함되어 있다.

UCLA 의과대학은 2학년생들을 대상으로 1일 입원환자 체험 프로그램을 운영하고 있다. 이 같은 역할체험의 목적은 무엇일까? 대학당국은 "의과대학생들이 환자들과 공감대를 형성해 나갈 수 있도록 하기 위해서"라고 설명한다.

한발 더 나아가 필라델피아의 제퍼슨 의과대학에서는 의사들의 업무효율성을 측정하는 새로운 기준의 하나로 '공감지수(empathy index)'를 개발해냈다.

경제대국인 일본도 살펴보기로 하자. 좌뇌형 사고의 집중적인 개발에 힘입어 제2차 대전의 패배를 딛고 성공적으로 재기한 일본은 바야흐로 자국이 지닌 힘의 원천에 대해 다시 생각하고 있다. 수학과 과학 점수에서 일본 학생들이 세계 선두권을 차지하고 있는 것은 사실이다. 하지만 "교과서에만 치중한 정규교육이 시대에 뒤떨어진 접근"이라는 우려의 목소리가 점차 높아지고 있다.

이에 따라 일본은 겉으로만 화려하게 보이는 전통적인 교육 시스템에 메스를 가하기 시작했다. 바로 창의성·예술성·유희를 강조하는 교육으로 발빠르게 전환하기 시작한 것이다. 이는 놀랄 만한 일은 아니다. 오늘날 일본의 가장 짭짤한 수출품은 자동차나 전자제품이 아니라 대중문화다.

일본 교육청은 젊은이들에게 주어지는 학업에 대한 과중한 부담을 덜어주기 위해 이른바 '인성교육'을 강조한다. 이를 통해 청소년들이 삶의 의미와 목표의식을 찾도록 지원하고 있다.

다시 미국으로 눈을 돌려 하이터치 및 감성의 시대와 관련이 없어보이는 또 다른 장소, 즉 거대 다국적기업 GM을 살펴보자.

GM의 로버츠 루츠(Robert Lutz) 부회장은 예술가인 척하거나 예민한 감수성을 드러내는 인물은 분명 아니다. 그는 해병대 출신의 근육질 몸매를 갖춘 70대 백인 남성이다. 그는 미국 3대 자동차회사의 경영자 자리를 두루 거쳤고, 시가를 즐기며, 자가용 비행기로 세계 곳곳을 누비고 다닌다. 그는 지구 온난화 문제는 환경운동가들이 퍼뜨린 허구에 불과하다고 믿는 인물이다. 그런데 그가 〈뉴욕타임스〉와의 인터뷰에서 "전임자와 차별화되는 경영전략"에 대한 물음에 다음과 같이 대답했다.

"우뇌적인 접근법을 좀 더 사용할 것입니다. 나는 우리 회사가 예술적 사업을 하고 있다고 생각합니다. 자동차란 엔터테인먼트이자 움직이는 조각품인 동시에 수송수단의 역할을 하기도 합니다."

그의 말을 좀 더 음미해보자. 정보화 시대의 산업도 아니고, 그 이전인 산업화 시대의 표상이라고 할 수 있는 GM이 예술적인 비즈니스를 하고 있다고 주장하는 것이다. 자동차가 예술 사업이라니…. 더군다나 GM을 우뇌의 세계로 이끌고 있는 사람이 해병대 출신의 원기 왕성한 70대 회장이라니….

모종의 변화가 일어나고 있는 것은 확실하다. 그 모습 또한 분명해지고 있다. 하이컨셉 · 하이터치가 우리 생활의 외곽에서 점점 중심으로 이동하고 있는 것이다.

MBA보다 환영받고 있는 MFA

하버드 경영대학원에 입학하기란 식은 죽 먹기다. UCLA 예술대학원과 비교하면 그렇다. 하버드 MBA 과정의 합격률은 약 10퍼센트인 반면, UCLA 예술대학원은 고작 3퍼센트에 불과하다. 왜 그럴까?

GM마저 예술 사업을 표방하고 있는 시대에 MFA(Masters in Fine Arts, 미술학 석사학위)는 가장 인기 있는 자격조건 가운데 하나다. 기업의 인사담당자는 인재들을 채용하기 위해 명문 예술대학원(로드아일랜드 디자인 스쿨·시카고 아트 스쿨·미시건 크랜브룩 아트 아카데미 등)을 방문하기 시작했다. 그리고 이들 예술대학원 졸업생들이 엘리트 그룹에 속해 있던 경영대학원 졸업생들의 자리를 잠식하기 시작했다.

예컨대 1993년 맥킨지앤컴퍼니(McKinsey & Company)가 경영 컨설턴트로 선발한 인력 중 61퍼센트는 MBA 자격증을 갖고 있었다. 하지만 채 10년이 지나지 않아 이 비율은 43퍼센트로 줄어들었다. 맥킨지는 다양한 분야의 전공자들 또한 업무 수행에 도움이 되기 때문이라고 설명한다. 예술대학원 지원자 수의 급격한 증가와 그 졸업생들이 기업 요직에 발탁되는 비율이 늘어나는 현상은 우리 사회의 변화를 잘 입증하고 있다. MFA는 이 시대의 새로운 MBA라고 할 수 있다. 그 이유는 2가지 요인에 기인한다. 아시아의 부상에 따라 MBA 졸업생들은 현 시대의 블루칼라 근로자가 돼가고 있다. 미래를 보장

받기 위해 MBA 과정을 밟았던 사람들은 이제 자신들의 일자리가 해외로 건너가고 있는 상황을 목격하고 있다.

앞에서 살펴봤듯이 투자은행들은 재무분석 업무를 처리하기 위해 인도 MBA들을 고용하고 있다. A. T. 커니(A. T. Kearney)는 향후 5년 동안 미국 내 금융 서비스 기업의 50만 개 일자리가 인도를 비롯한 저비용 국가로 이전될 것이라고 전망했다. 이에 〈이코노미스트(Economist)〉는 "예전에는 야망은 있으나 경험은 일천한 신입 MBA들이 월스트리트나 런던 금융가에 입성하기 위해 어쩔 수 없이 떠맡았던, 오랜 시간 고생해야 했던 기초적인 업무가 통신 기술의 발전 덕분에 저임금의 인도 MBA들에게 넘어가고 있다"고 분석했다.

동시에 기업들은 공급 과잉의 시대에 자신들의 상품과 서비스를 다른 상품들과 차별화하기 위해 소비자의 감성에 호소해야 할 필요성을 느끼고 있다. 예술가의 하이컨셉 재능을 경영대학원 졸업자들의 좌뇌형 기술보다 귀중한 가치로 여기기 시작한 것이다.

사실 오늘날 대부분의 사람들이 예술 사업에 종사한다고 해도 과언이 아니다. 오늘날 미국인들 중에는 변호사 · 회계사 · 노무사보다는 예술 · 엔터테인먼트 · 디자인에 종사하는 사람이 더 많다. 지난 10년 동안 미국의 그래픽 디자이너 수는 10배 이상 늘었다. 이는 화학 분야 엔지니어들을 단숨에 추월해 4배나 많아진 수치다. 또한 1970년 이후 미국에서 글 쓰는 직업을 생계로 삼고 있는 사람은 30퍼센트 늘었으며, 음악을 작곡하거나 연주하는 일을 생계로 삼는 사람의 수도 50퍼센트 증가했다.

변호사 역시 마찬가지다. 일상적인 법률조사 업무가 해외로 이전되고 기본적인 법률정보가 온라인으로 가능해진 상황에서 소송에 관한 업무만으로 얼마나 경쟁력을 지닐 수 있겠는가? 이에 버지니아 주의 한 벤처 기업은 변신을 시도했다. 애니메이터스앳로(Animators at Law)라는 이름의 이 하이컨셉 기업은 법과대학 졸업자들로 구성된 디자인 회사다. 변호사가 배심원을 설득하는 데 효과적인 도움을 줄 수 있는 법정 제시 증거물, 비디오, 시각적 자료 등을 제작하는 서비스를 하고 있다.

2002년 카네기멜론대학교의 도시계획가이자 베스트셀러 저자인 리처드 플로리다(Richard Florida)는 38만 명의 미국인들이 경제발전을 이끄는 핵심이라고 주장하며 이들을 '창의적인 계급'이라고 이름 붙였다. 플로리다가 규정한 '창의적'이라는 단어의 의미는 기묘하게 확대되어 있지만(그는 회계사 · 보험사정인 · 세무사의 업무까지 창의적으로 봤다), 이 창의적인 계층의 지위 상승은 무시하기 어렵다. 미국 전체 근로자 중 이러한 '창의적인 계층'의 수는 1980년 이후 2배로 늘어났으며 한 세기 전보다는 10배나 증가했다.

하이컨셉에 관한 비슷한 경향은 세계 다른 곳에서도 일어나고 있다. 영국인 애널리스트 존 호킨스(John Hawkins)는 '창의적'이라는 표현을 좀 더 확실하게 규정(디자인에서부터 예술공연, 연구개발, 비디오 게임에 이르기까지 15개 분야를 창의적 분야로 규정)하면서, 영국에서 창의적인 분야가 매년 2,000억 달러에 이르는 상품과 서비스를 생산하고 있다고 추정했다. 호킨스는 15년 내에 이 분야의 가치가 국제적으로 6조 1,000억 달러에 이를 것으로 추산했고, 하이컨셉 국가가 세계에서 가장 큰 규모의 경제를 갖게 될 것이라고 전망했다.

런던 경영대학원과 요크셔 워터 컴퍼니 같은 영국의 학교 및 기관들은 '예술가 상주협력 프로그램'을 운영하고 있다. 또한 영국 기업 유니레버는 직원들에게 영감을 불어넣기 위해 화가, 시인, 만화작가 등을 고용하고 있다.

그렇다면 우뇌적 창의력은 예술가 집단에만 발휘되는 걸까? 다행히도 그렇지는 않다. 정보화 시대의 스타라고 할 수 있는 컴퓨터 프로그래머에 관해 다시 살펴보자. 인도의 소프트웨어 회사들이 소프트웨어의 제작 · 유지 · 시험 · 업그레이드 등의 업무를 점점 더 많이 가져간다면 남는 것은 하이컨셉 · 하이터치 시대에 맞는 소프트웨어 업무다. 다시 말해 인도 프로그래머들이 뭔가를 제작 · 유지 · 시험 · 업그레이드하기 전에 그 무엇인가를 먼저 생각해내고 만들어내는 일을 뜻한다. 그리고 이를 넘쳐나는 시장에 내놓기 위해서는 소비자에게 맞게 재단하고 설명하는 작업이 필요하다. 일상적인 소프트웨어 업무를 아웃소싱하면서 '부분' 조각들을 어떻게 조합할 수 있는지, 다음에 어떤 중요한 해결과제가 있는지 구석구석 살펴보는 하이컨셉 능력을 지닌 소프트웨어 엔지니어에게는 새로운 프리미엄이 생겨날 것이다. 이러한 업무는 일련의 원칙으로 압축해 업무지침서로 처리할 수 있는 일이 아니다. 바로 독창성, 개개인 사이의 소통 능력, 본능적인 직관이 필요한 일이다.

무너진 IQ 신화

미래에 한 박물관 관장이 20세기 미국의 학교교육이라는 주제로 전시회를 기획한다면, 그는 두툼한 교과서, 지저분한 칠판, 일체형 철제책상 등 많은 유물들을 수집할 것이다. 개인적으로 나는 이러한 유물 가운데 '컴퓨터용 연필'이 가장 돋보여야 한다고 생각한다. 이 연필을 잘 깎아서 번쩍이는 유리상자에 넣은 뒤 전시장 중앙에 놓아둘 것을 권할 것이다.

만일 이 컴퓨터용 연필이 재료부족 같은 위기 상황에 직면, 공급에 차질을 빚었다면 미국의 교육제도는 붕괴됐을지도 모를 일이다. 미국의 아이들은 이 나무 막대기를 쥘 수 있을 만큼 자라게 되면 끝없는 테스트를 받는다. 초등학교에 입학하면서 IQ 테스트를 받고, 조금 뒤에는 독서 · 수학능력 등을 측정받는다. 그리고 같은 지역의 다른 학생들, 더 나아가 전국, 그리고 전세계 학생들과 비교해 그 수준이 기록된다. 이어 고등학교에 진학하면 아이들은 좋은 직장과 행복한 삶이 보장된 약속의 땅으로 가기 위해 'SAT(대학 진학을 위한 학습능력 평가시험)'란 사막을 건널 준비를 한다.

SAT주의는 나름대로 분명한 장점을 갖고 있다. 하지만 그에 못지않은 문제점들도 있다. 시험만능주의 같은 것이 대표적 경우다. 예를 들어 《감성지능(Emotional Intelligence)》이라는 독창적인 책을 집필한 다니엘 골먼(Daniel Goleman)은 IQ가 사회적 성공과 얼마나 연관성이 있는지에 관한 연구를 수행했다. 그 결과가 궁금한가? 자, 컴퓨터용 연필을 잡고 다음 문제에서 답을 찍어보자.

최근 연구에 따르면 IQ와 사회적 성공과는 얼마만큼 연관이 있을까?

① 50~60%
② 34~45%
③ 23~29%
④ 15~20%

정답 : 4~10%(주어진 4개의 보기 중에서만 답을 고르려는 태도 역시 좌뇌 중심적
사고의 한 증상이다.)

몇 번을 찍었는가? 정답은 '4~10%'이다. 보기 중에는 답이 없다. 주어진 4개의 보기 중에서만 답을 찾으려는 성향 또한 좌뇌 중심적

사고의 증상이다. 골먼에 따르면 IQ는 어떤 직업을 선택하는 데 영향을 미칠 수는 있다. 가령 나의 IQ는 내가 천체물리학자가 되기에는 부족하다는 사실을 일깨워준다. 하지만 대부분의 직업의 경우 좌뇌적 사고의 발달 여부보다는 측정이 어려운 부분의 재능이 더욱 중요하다. 예컨대 상상력, 남을 즐겁게 하는 능력, 재치와 같은 하이컨셉·하이터치 능력이 그것이다.

이에 다니엘 골먼은 다른 사람들을 즐겁게 해줄 수 있는(유머감각을 갖춘) 리더가 가장 효과적인 리더십을 발휘한다는 사실을 기업조직 내에서 발견했다. 이 같은 리더들은 여느 관리자들보다도 자신에 대한 비난을 3배는 더 잘 웃어넘기고 있었다(유머는 우뇌에 많이 의존한다).

이렇듯 남을 즐겁게 하는 능력, 즉 우뇌적 재능을 테스트해서 표준화할 수 있을까? 예일대학교 심리학 교수 로버트 스텐버그(Robert Sternberg)가 기존의 SAT를 대체할 우뇌형 테스트 프로젝트라는 것을 만들어내긴 했다. '레인보우 프로젝트'라고 불린 이 테스트는 확실히 청소년 시절 우리를 짓눌렀던 다른 시험들보다는 훨씬 흥미롭게 들린다.

레인보우 프로젝트는 학생들에게 〈뉴요커(New Yoker)〉 잡지의 5칸짜리 만화를 제시하고는 비어 있는 말풍선에 재미있는 말을 적어 넣도록 요구한다. 학생들은 오직 감독관이 제시하는 제목, 예를 들어 '문어의 운동화'만 갖고 이야기를 전개해야 한다. 또한 실제 생활에서 일어날 수 있는 다양한 상황(아는 사람이 아무도 없는 파티에 도착했을 때, 친구들이 가구 옮기는 것을 돕도록 만들어야 하는 경우 등)을 제시하면서 그들이 어떻게 반응할 건지 묻는다.

아직 실험단계에 있지만 레인보우 프로젝트는 학생들의 학습 수행 능력을 예측하는 데 SAT보다 2배 정도 더 성공적이라는 평가를 받았다. SAT 성적에서 늘 격차를 보였던 백인 학생과 소수 유색인종 그룹 사이의 차이도 크게 줄었다. 그렇다고 스텐버그의 테스트가 SAT를 대체하기 위한 목적으로 만들어진 건 아니다. 아직은 SAT를 보완하기 위한 목적으로 사용되고 있다. 사실 이 시험의 자금지원 기관 중 하나인 칼리지 보드(College Board)는 SAT의 스폰서이기도 하다. 하지만 중요한 사실은 레인보우 프로젝트의 존재 그 자체라고 할 수 있다. 스텐버그는 이렇게 말했다.

"우리 사회에서는 SAT에서 좋은 성적을 얻지 못할 경우 성공에 이르는 길이 모두 막혀 있다."

다행히 최근에는 점점 더 많은 교육자들이 SAT가 측정하지 못하는 재능의 중요성을 깨달아가고 있다. 최근에는 SAT의 작문평가도 조금씩 개선되고 있다.

우뇌적 재능에 대한 중요성은 계속해서 확대될 전망이다. 하이컨셉 · 하이터치 시대에 많은 직업들이 요구하는 핵심 요소인 하이터치 재능(동정, 배려, 정신적 고양 등)의 경우에는 그 중요성이 더욱 부각될 것이다. 카운슬러, 간호사, 건강관리 도우미 등 '남을 돌보는 전문직'의 수요가 해마다 크게 증가하고 있다는 사실이 이를 증명한다.

예를 들어 선진국은 하이테크 컴퓨터 프로그래밍 업무를 해외로 아웃소싱하고 있는 반면, 하이터치 업무를 위한 인력은 적극적으로 수입하고 있다. 간호사가 대표적이다. 공급이 부족한 결과로 간호사의 급여는 거의 모든 전문직종의 급여보다도 가파르게 상승하고 있다.

베이비붐 세대가 불러오는 우뇌 코드

하이컨셉 · 하이터치 시대의 가장 뚜렷한 변화는 사무실 밖에서, 그리고 우리의 마음과 정신에서 벌어지고 있다. 예컨대 의미를 찾고 초월적인 가치를 추구하는 성향은 테이크아웃 커피처럼 유행하고 있다. 미국 성인 중 1,000만 명이 다양한 종류의 명상 수련을 하고 있다. 이는 10년 전과 비교해 2배 늘어난 수치다. 요가를 수련하는 사람들은 1,500만 명 정도로 1999년과 비교할 때 2배에 달한다. 미국의 대중 엔터테인먼트에서도 정신적인 테마가 넘쳐나고 있다.

베이비붐 세대가 나이 들어감에 따라 이러한 경향은 심해지고 있다. 사람은 나이를 먹어가면서 경력을 쌓고 가정을 돌보느라 소홀히

했던 생활의 질을 중시하게 된다. 감성적인 만족과 의미를 찾고자 하는 베이비붐 세대의 취향은 이미 수면 위로 그 모습을 드러내고 있다. 심리학자 데이빗 울프(David Wolfe)는 다음과 같이 썼다.

"사람들은 나이가 들어가면서 덜 추상적(좌뇌)이고 더 구체적(우뇌)으로 변화한다. 이를 통해 현실감각이 발달하고 감성적 역량이 증대되며 타인과의 공감대가 커진다."

하이컨셉·하이터치 시대로 접어들고 있는 현재 베이비붐 세대는 자신들의 실제 나이를 분명하게 의식하고 있다. 그들은 앞으로 살아갈 날보다 지금껏 살아온 날들이 더 많다는 사실을 잘 알고 있다. 그리고 움직일 수 없는 이 같은 사실 때문에 더욱 더 정신적인 가치에 집착한다. 지난 수십 년 동안 물질적인 풍요를 추구해 왔던 그들이기에 이제 부의 축적에는 관심이 덜 가는 것 같다. 그들과 새로운 시대를 살고 있는 많은 사람들에게 삶의 의미는 경제적 여유와 같이 깊은 관심의 대상이다.

폴 레이(Paul Ray)와 세리 앤더슨(Sherry Anderson)은 5,000만 명의 미국인을 '문화적 창의성을 갖춘 사람들'로 규정하면서 그들의 문화적 특징에 대해 설명했다. 레이와 앤더슨은 문화적 창의성을 갖춘 사람들의 기준에 대해 "큰 그림을 보고자 한다. 그들은 종합하는 능력이 뛰어나다"고 주장했다. 또한 "여성적인 인식방식, 즉 다른 사람에게 동정심과 연민을 느끼고, 상대방 입장에서 생각하며, 개인적인 경험과 체험을 중요한 학습 방법으로 여기고, 남을 돌보는 일을 미덕으로 믿는다"고 덧붙였다.

이들은 프랑스 전체 인구 정도에 해당하는 미국 성인 네 사람 가운데 한 사람을 '문화적 창의성을 갖춘 사람들'로 추산했다. 문화적 창의성을 갖춘 사람들이 이처럼 많다는 사실은 하이컨셉 · 하이터치의 요소가 우리 생활에 깊이 파급되어 있다는 방증이기도 하다.

그렇다면 이런 모든 변화가 여러분에게는 어떤 의미가 있을까? 하이컨셉 · 하이터치 시대를 어떻게 준비해야 할까?

그 대답은 다음과 같다. 풍요 · 아시아 · 자동화로 요동치고 있는 세상, 좌뇌적 사고가 여전히 유효하지만 더 이상 그것만으로는 충분하지 않은 세상 속에서 우리는 자유롭게 우뇌적 사고를 할 수 있도록 하이컨셉 · 하이터치 재능을 연마해야 한다. 하지만 좀 더 자세한 대답을 찾고자 하면 그런 것만으로는 부족할 것이다.

새로운 시대를 맞을
준비

다가오는 미래는 좀 더 특별한 능력을 갖춘 인재를 필요로 한다. 지금 시작되고 있는 거대한 변화의 모습은 결코 단순하지 않기 때문이다.

지난 반세기 동안 서구사회, 특히 미국사회는 협소한 전문 분야에 대한 매우 분석적 사고방식을 가진 사람들에 의해 좌우되어 왔다. 지금껏 우리 시대는 정보를 잘 다루고 분야별 전문성을 효과적으로 발휘하는 사람이 성공하고 인정받는 '지식근로자'의 시대였다. 하지만 거부할 수 없는 새로운 변화의 바람이 불고 있다.

물질적 풍요는 정신적 가치에 대한 열망을 심화시키고 있다. '세계화' 는 화이트칼라의 업무를 해외로 이전시키고 있으며, 과학기술의 발달은 일부 직종을 아예 사라지게 만들고 있기도 하다. 새로운 시대는 다양한 형태의 사고와 삶에 대한 접근을 통해 활기를 얻는다. 또한 내가 하이컨셉·하이터치 재능이라고 이름 붙인 능력들을 장려하고 있다.

'하이컨셉' 은 패턴과 기회를 감지하고, 예술적 미와 감정의 아름다움을 창조해내며, 훌륭한 이야기를 창출해내고, 언뜻 관계가 없어 보이는 아이디어를 결합해 뭔가 새로운 것을 창조해내는 능력과 관계가 있다. '하이터치' 란 다른 사람과 공감하고, 미묘한 인간관계를 잘 다루며, 자신과 다른 사람의 즐거움을 잘 유도해내고, 목적과 의미를 발견해 이를 추구하는 능력과 관련이 있다.

그렇다면 우리는 정확히 무엇을 준비해야 하는가? 나는 이 물음에 답하기 위해 지난 몇 년 동안 연구를 계속해왔고 그 해답으로 새로운 시대에 필요한 재능을 6가지로 압축했다. 그리고 이를 '미래 인재의 6가지 조건' 이라고 이름 붙였다. 6가지 조건이란 디자인(design)·스토리(story)·조화(symphony)·공감(empathy)·유희(play)·의미(meaning)를 말한다.

1. 기능만으로는 안 된다: '디자인' 으로 승부하라

단순히 기능만 갖춘 제품, 서비스, 경험, 라이프스타일만으로는 더 이상 충분하지 않다. 이와 함께 시각적으로 아름답거나 좋은 감정을 선사할 수 있는 가치를 만들어야 경제적 · 개인적 보상을 받을 수 있다.

2. 단순한 주장만으로는 안 된다: '스토리'를 겸비해야 한다

우리 시대의 삶은 정보와 데이터로 넘쳐나고 있기에 강력한 메시지를 쏟아내는 것만으로는 부족하다. 어디선가 누군가는 분명 여러분의 주장을 반박할 수 있는 요소를 찾아낼 것이다. 또한 본질적으로 설득, 의사소통, 자기이해 등은 훌륭한 스토리를 만들어내는 능력의 밑받침이다.

3. 집중만으로는 안 된다: '조화'를 이뤄야 한다

산업화 시대 및 정보화 시대에서는 집중과 전문화가 요구됐다. 하지만 화이트칼라 업무가 아시아로 넘어가거나 소프트웨어로 인해 줄어듦에 따라 그와는 반대적인 특질에 새로운 부가가치가 생겨났다. 즉 작은 부분들을 붙이는 능력, 내가 '조화'라고 부르는 능력이 바로 그것이다. 현 시대가 가장 많이 요구하는 능력은 '분석'이 아니라 '통합'이다. 즉 큰 그림을 볼 수 있고 새로운 전체를 구성하기 위해 이질적인 조각들을 서로 결합해내는 능력을 말한다.

4. 논리만으로는 안 된다: '공감'이 있어야 한다

논리적인 사고는 인간을 인간답게 만드는 능력 가운데 하나다. 하지만 정보가 풍부하고 분석적인 도구가 발전한 세계에서 논리만으로는 부족하다. 성공을 위해서는 차별화가 필요하다. 쉽게 말해 다른 동료들의 마음을 상하게 하는 것이 무엇인지 이해하고, 유대를 강화하며, 다른 이를 배려하는 정신을 갖춰야 한다는 의미다.

5. 진지한 것만으로는 안 된다: '유희' 도 필요하다

웃음, 명랑한 마음, 게임, 유머가 건강 면에서나 사회적 성공 면에서 커다란 도움이 된다는 사실을 입증해주는 증거들은 많다. 물론 진지해져야 하는 때도 분명 존재한다. 그러나 지나친 진지함은 사회생활에도 악영향을 미칠 뿐 아니라 개인적인 풍요로운 삶도 망치고 만다. 하이컨셉·하이터치 시대에는 업무적으로나 일상생활 면에서 마음의 여유를 즐길 필요가 있다.

6. 물질의 축적만으로는 부족하다: '의미'를 찾아야 한다

우리는 숨 막힐 정도로 풍요한 세상에서 살고 있다. 물질적 풍요는 수억 명에 달하는 사람들이 생존투쟁에서 벗어날 수 있도록 해줬으며, 좀 더 깊은 의미를 모색하도록 이끌었다. 목적의식, 초월적인 가치, 그리고 정신적인 만족감이 그것이다. 의미를 부여하는 능력은 필수적인 재능으로 떠올랐다.

이들 재능(디자인·스토리·조화·공감·유희·의미)은 앞으로 미래사회에서 직업적 성공과 개인적 만족을 얻기 위한 필수 요소로 떠오를 것이다.

이를 증명하기 위해 우리는 이 책에서 많은 영역을 살펴볼 것이다. 인도 뭄바이의 '웃음 클럽'을 방문하고, 디자인 중심의 교육을 진행하는 미국의 한 고등학교를 탐방할 것이다. 또한 어떤 사람의 미소가 진실인지 여부를 가늠하는 방법에 대해 배우기도 할 것이다.

하지만 무엇보다 먼저 우리 '뇌'에 대한 탐구에서 출발할 것이다. 변화를 주도하고 있는 이와 같은 능력들은 대부분 우리의 우뇌에서 비롯되기 때문이다.

우리의 두뇌는 크게 2개의 반구로 나뉘어 있다. 왼쪽 반구(좌뇌)는 순차적·논리적·분석적 활동을 한다. 우뇌는 비선형적·직관적·전체론적 능력을 갖고 있다. 이러한 차이는 흔히 부당하게 과장되어 온 측면도 있다. 그리고 어떤 간단한 일을 하더라도 양쪽 뇌가 모두 협력·수행하는 것 또한 사실이다. 하지만 양쪽 뇌의 '본질적인' 차이점을 잘 파악하면 우리 사회의 현 모습을 이해하고 미래의 모습을 예측해보는 일에 대하여 강력한 단서를 얻을 수 있다.

제2부에서는 본격적으로 이 6가지 조건을 이해하고 연마하는 방법에 관해 알아본다.

A WHOLE NEW MIND

제2부

미래 인재의 6가지 조건

디자인
하이컨셉 · 하이터치 시대의 핵심 능력

지금은 세상을 떠났지만 홀마크 카드(Hallmark Cards)에서 오랫동안 창작업무를 맡았던 고든 맥켄지(Gordon MacKenzie)가 들려준 이야기가 있다. 맥켄지는 때때로 각급 학교를 방문해 학생들에게 자신의 직업에 관한 이야기를 들려주곤 했다. 그리고 이야기에 앞서 늘 자신을 예술가라고 소개했다. 그러고는 교실을 둘러보면서 벽에 학생들의 작품이 걸려 있으면 큰 소리로 칭찬하며 누구의 작품이냐고 물었다.

"이 교실 안에는 예술가가 얼마나 있니? 손 좀 들어볼래?"

이때 반응은 언제나 비슷했다. 유치원과 초등학교 1학년 교실의 경우 모든 아이들이 경쟁적으로 손을 높이 들었다. 2학년 교실에 가면 4분의 3가량이 손을 드는데, 그 열기는 조금 덜했다. 3학년 학급에서는 겨우 몇몇 아이들만이 손을 들었고, 6학년 교실에서는 손을 드는 학생이 없었다. 아이들은 그저 같은 반의 누가 손을 드는지 주변을 두리번거릴 뿐이었다. 설령 손을 드는 학생조차 자신이 비정상적인 행동을 한다고 생각하는 듯했다.

이는 디자이너들 사이에서 두고두고 화젯거리가 되어 회자된 이야기이기도 하다. 디자이너를 비롯해 창작업무에 종사하는 사람들은 술자리에서 진지한 목소리로 "세상 사람들이 자신의 가치를 몰라준다"라고 하소연을 하면서 이 이야기를 화제로 삼곤 했다. 그리고 한편으로는 뛰어난 예술가적 기질을 타고나지 못한 자신의 신세를 한탄했다.

유감스럽지만 그들은 투덜대기만 하는 얼간이들에 불과하다. 사실 그들은 화를 내야만 했다. 저마다 자녀가 다니는 학교로 달려가 해명을 요구해야 했다. 아이들을 위로하는 한편 교장을 찾아가 학교 이사진을 퇴진시켜야 했다. 왜냐하면 맥켄지의 질문은 재원이 빈약한 예술들에 대한 지원을 호소하는 이야기가 아니기 때문이었다. 맥켄지의 질문은 우리 시대에 새롭고도 중요한 가치로 각인되고 있는 부분에 대한 우리 교육의 현주소를 일깨워준 것이다.

오늘날 한 나라의 부와 개인의 복지는, 자신이 예술가인지도 모른 채 교실에 앉아 있는 미래의 예술가들 손에 달려 있다. 풍요롭고 부유해졌지만 자동화와 화이트칼라 업무의 아웃소싱으로 혼란을 겪고 있는 우리는 어떤 직업을 갖고 있든 상관없이 예술적인 감수성을 길러야만 한다. 물론 누구나 살바도르 달리(Salvador Dali)나 파블로 피카소(Pablo Picasso) 같은 위대한 화가가 될 수는 없다. 하지만 그럼에도 불구하고 우리 모두는 '디자이너'가 되어야 한다.

디자인을 무시하기는 쉽다. 이를 단순한 장식쯤으로 폄하하거나, 값싼 치장을 통해 물건이나 공간의 진부한 모습을 숨기는 역할쯤으로 여기는 경우가 많다. 하지만 이는 디자인의 본질을 오해하는 처사다. 더군다나 디자인이 왜 중요한지를 모르는 행동이다. 존 헤스킷(John Heskett)은 디자인에 대해 이렇게 정의했다.

"디자인이란 본질적으로 우리의 필요에 걸맞고, 우리 생활에 의미를 부여하기 위해 주변 환경을 만들고 꾸미려는 인간의 본성으로 규정될 수 있다."

잠시 여러분이 있는 방을 한번 둘러보라. 무엇 하나 디자인되지 않은 것이 있는가? 우선 지금 여러분이 읽고 있는 이 책의 활자체부터가 디자인이다. 여러분의 몸을 감싸고 있는 옷 또한 그렇다. 여러분이 앉아 있는 의자가 그렇고, 여러분이 사는 집이 그렇다. 이 모든 것은 누군가가 머릿속으로 상상한 뒤 만들어낸 것이기에 여러분 생활의 일부가 됐다.

디자인은 양쪽 뇌를 사용하는 새로운 사고의 가장 대표적인 재능 (적성)이다. 헤스킷의 표현을 빌리자면 "디자인은 '효용'과 '의미'의 결합"이다. 그래픽 디자이너는 독자들의 이해를 도모하기 위해 읽기 쉬운 브로셔를 만들어야 한다. 그것은 효용이다. 그러나 효과를 극대화하기 위해서는 글자만으로는 담아내기 어려운 생각이나 감정 또한 전달할 수 있어야 한다. 그것이 '의미'다.

가구 디자이너는 똑바로 서서 무게를 지탱할 수 있는 탁자를 만들어야 한다(효용). 또한 그 탁자는 기능성을 뛰어넘어 심미안을 갖춘 소비자들에게 호소할 수 있어야 한다(의미). 효용은 좌뇌적 사고에 가깝고 의미는 우뇌적 사고에 가깝다. 그리고 이 2가지 사고방식에서 오늘날 효용은 흔하고, 저렴하며, 상대적으로 쉽게 얻을 수 있다.

디자인(의미에 의해 효용이 제고된)이 개인적 만족과 직업적 성공에 긴요한 하이컨셉 재능으로 떠오른 데는 적어도 3가지 이유가 있다.

첫째, 물질적 번영과 기술의 발전으로 예전보다 좋은 디자인을 접할 기회가 늘어났다. 이를 통해 좀 더 많은 사람들이 좋은 디자인에서

"디자이너는 미래의 연금술사다."

리처드 코살렉(Richard Koshalek) 디자인아트센터칼리지 총장

얻는 즐거움을 향유할 수 있게 됐다.

둘째, 물질적 풍요의 시대에 디자인은 차별화 수단이자 새로운 시장을 창조한다는 의미에서 현대 비즈니스의 주요 요소가 됐다.

셋째, 좀 더 많은 사람들이 디자인 감수성을 개발하면서 점점 더 궁극적인 목적(세상의 변화)을 위해 디자인을 전개해나갈 것이다.

오전 10시 마이크 레인골드(Mike Reingold)의 디자인 스튜디오 풍경이 그렇다. 스피커에서 음악이 흘러나오는 가운데 한 여학생이 탁자 위 의자에 앉아 포즈를 취하고 있다. 다른 학급 친구들 19명은 그녀의 모습을 스케치하고 있다. 이 광경은 한 가지 사실만 제외하면 토니 아트 아카데미(Tony Art Academy)와 똑같다. 스케치를 하는 사람들이 모두 10학년생들이며, 이들은 대부분 필라델피아의 빈민촌 출신이라는 점이다.

바로 이곳은 디자인 중심의 교육 과정을 운영하는 미국 최초의 공립학교인 CHAD(Charter High School for Architecture and Design)다. 이 학교는 수업료가 없는 필라델피아 공립학교로서 디자인의 위력이 어린 학생들의 마음에까지 영향을 미친다는 점을 보여준다. 아울러 디자인은 소수의 선택된 사람들의 영역이라는 잘못된 믿음을 깨뜨리고 있는 곳이다.

그들은 CHAD에 입학하기 전인 9학년(중학교 3학년—옮긴이)까지 미술반에 들어가본 적이 없는 학생들이다. 그들 중 3분의 1은 읽고 셈

하는 능력이 3학년(초등학교 3학년-옮긴이) 수준에 불과하다. 하지만 이제 그들 중 80퍼센트는 선배들처럼 노력만 한다면 2년제 또는 4년제 대학에 진학할 수 있을 것이다. 그리고 어떤 학생은 프렛 인스티튜트(Pratt Institute)나 로드 아일랜드 디자인 스쿨(Rhode Island School of Design) 등 명문학교에 입학할 것이다.

1999년 당시 이 학교의 설립 목표는 신세대 디자이너들을 훈련하는 동시에, 백인 위주로 구성된 디자인 업계에 다양성을 불어넣자는 것이었다(이 학교 학생들 중 4분의 3은 흑인이며 그들을 포함한 유색 소수인종의 비율은 88퍼센트에 이른다). 또 하나의 목표는 주요 교과목을 가르치는 데 디자인을 이용해보자는 것이었다.

학생들은 매일 디자인 스튜디오에서 100분의 시간을 보낸다. 그들은 건축, 산업디자인, 색채론, 회화수업 등을 듣는다. 아울러 수학, 과학, 영어, 사회과학, 기타 과목의 수업에도 디자인이 접목되고 있다. 예컨대 로마제국에 대해 공부할 때는 단순히 로마제국의 상수도 체계에 대해 읽고 마는 것이 아니다. 학생들로 하여금 상수도 모형을 직접 제작해보도록 하고 있다.

"학생들은 서로 다른 것들을 조합해 해답을 찾아내는 방법을 배우고 있습니다. 그것이 바로 디자이너의 일입니다."

건축가이자 이 학교의 교육 과정 및 책임을 맡고 있는 클레어 갤러(Claire Gallagher)의 말이다. 그는 다음과 같이 덧붙였다.

"디자인은 서로 다른 분야를 접목하는 작업입니다. 우리는 전체적인 안목과 사고를 갖춘 인재를 양성하고 있습니다."

션 캔티(Sean Canty)는 새로운 사고를 불어넣는 이 학교의 환경에서 괄목할 만한 발전을 보이고 있는 학생 가운데 한 명이다. 영리하고 마른 체격의 그에게서 훌륭한 디자이너로 성장할 자질이 엿보인다. 하지만 아직은 호리호리한 체격의 전형적인 16세 소년의 모습을 하고 있다. 수업이 끝난 뒤 캔티에게 말을 걸자, 그는 자신의 천방지축 중학생 시절 얘기를 들려줬다.

"저는 수업시간에 항상 그림을 그리는 아이였습니다. 하지만 잘 아시다시피 예술가적 기질을 갖고 있는 사람은 늘 괴짜 취급을 받습니다."

캔티는 CHAD에 입학한 뒤 이 학교야말로 자신에게 맞는 곳이라는 사실을 깨달았으며, 또래의 다른 아이들이 얻기 어려운 다양한 경험을 할 수 있었다. 그는 1주일에 두 차례 인근 건축가 사무실로 출근

"제대로 적용된 디자인은 우리 삶의 질을 높이고, 직업을 만들어내며, 사람들을 행복하게 한다."

폴 스미스(Paul Smith) 패션 디자이너

하는 인턴사원이기도 하다. 한편 CHAD를 통해 만난 대건축가의 도움으로 포스터 디자인을 배우기 위해 뉴욕으로 여행을 다녀오기도 했다. 그는 자신이 직접 설계한 '2개의 냉각탑' 모형이 언젠가 실제로 건축되기를 희망하고 있다. 그러나 캔티는 자신이 CHAD에서 배운 가장 중요한 것은 특정 기술보다 더욱 큰 가치라고 말한다.

"저는 사람들과 함께 일하는 방법과 다른 사람에게 영감을 불어넣는 방법을 배웠습니다."

사실 이 학교의 복도를 걷기만 해도 예술적 영감을 얻을 수 있다. 복도에는 학생들의 예술작품이 전시되어 있다. 현관에 들여놓은 가구는 쿠퍼휴이트(Cooper-Hewitt) 디자인 박물관에서 기증한 작품이다. 그리고 학교 건물의 곳곳에는 카림 라시드(Karim Rashid), 케이트 스페이드(Kate Spade), 프랭크 게리(Frank Gehry) 등 유명 디자이너의 작품들을 찍은 사진이 액자에 걸려 있으며 학생들의 개인사물함 속에도 여기저기 붙어 있다. 학생들은 모두 푸른색 버튼다운 셔츠에 황갈색 바지를 입고 있다. 남학생들은 넥타이도 매고 있다.

"학생들은 젊은 건축가나 디자이너처럼 생각하고 행동합니다."

이 학교의 개발이사 바버라 챈들러 앨런(Barbara Chandler Allen)은 CHAD의 많은 학생들이 무료로 교육받을 가치가 있다고 설명한다. CHAD는 많은 학생들에게 험한 세상의 안식처 역할을 하고 있다. 안전하고 정돈된 공간이며 어른들의 보살핌과 기대를 받는 천국과도 같은 곳이다. 통상 필라델피아 공립고등학교의 평균 출석률이 63퍼센트인 반면, CHAD의 출석률은 95퍼센트에 달한다. 또한 CHAD는 필라델피아에서 금속탐지기가 설치되지 않은 유일한 학교다. 이 학교 학생이나 선생님, 그리고 방문자들은 학교 정문에서 금속탐지기 대신 유명한 미국 벽화가 솔 레위트(Sol Lewitt)의 화려한 작품을 마주하게 된다.

CHAD와 비슷한 학교들은 또 있다. 마이애미 디자인·건축 고등학교를 비롯해 뉴욕에는 예술·디자인 고등학교가 많다. 워싱턴 D.C.에는 스튜디오 스쿨이라는 이름의 관인 초등학교가 있는데, 이곳 교사들 중에는 전문 화가들이 많다. 초등학교와 중학교 이상에서는 디자인 교육이 건전한 붐을 이루고 있다. 이미 앞에서 살펴봤듯이 미국에서는 MFA가 MBA에 준하는 위상을 차지해 가고 있다.

영국의 경우 1995~2002년 사이에 디자인을 공부하는 학생들의 수가 35퍼센트 급증했다. 아시아의 경우 35년 전만 하더라도 한국·일본·싱가포르 등지에 디자인 학교는 전무했다. 하지만 오늘날 이 세 나라의 디자인 학교 수는 23개를 웃돈다.

사실 CHAD와 같은 학교를 졸업하더라도 상당수 학생들은 전문적인 디자이너가 되지 못할 수도 있다. 하지만 이 학교의 교감인 크리스티나 알바레즈(Christina Alvarez)는 괜찮다고 말한다.

"우리는 학생들에게 디자인이 무엇인지 일깨워주고, 디자인이 어떻게 그들의 생활에 영향을 미치는지 알려줍니다. 저는 디자인 교육과정이 아이들을 위한 신개념 자유주의 예술교육이라고 생각합니다."

학생들이 앞으로 어떤 진로를 선택하든 간에 이 학교에서의 경험은 문제를 해결하고, 타인을 이해하며, 자신을 둘러싼 세상에 감사하는 마음을 길러줄 것이다. 그리고 이는 하이컨셉·하이터치 시대에 요구되는 핵심 능력이기도 하다.

디자인은 해결방안을 도출하는 방식

프랑크 누보(Frank Nuovo)는 세계에서 가장 유명한 산업디자이너 가운데 한 사람이다. 여러분이 갖고 있는 노키아 휴대전화 디자인도 누보의 것일 확률이 높다. 하지만 유년시절 누보는 자신의 진로선택에 대해 가족들을 힘들게 설득해야 했다. 누보는 한 인터뷰에서 내게 다음과 같이 말했다.

"디자이너가 되고 싶다고 아버지께 말씀드렸을 때 아버지는 '그게 무슨 뜻이니?'라고 되물으셨어요."

그는 계속 말을 이었다.

"우리는 디자인에 관한 예민한 생각을 줄일 필요가 있습니다. 디자인을 단순 정의하자면, 해결방안을 도출하는 것이라고 할 수 있습니다. 디자인은 모든 사람이 매일같이 하는 활동입니다."

원시인들이 돌을 쪼아 화살촉을 만들던 석기 시대 이래 인간은 디자이너였다. 우리 조상들이 대초원을 헤매고 다니던 무렵부터 인류는 선천적으로 진기함과 아름다움을 추구하는 종족이었다. 하지만 대부분의 역사에서 디자인은 시간과 돈이 충분해서 이를 즐길 수 있는 상류층의 전유물로 취급되어 왔다. 그 밖의 사람들은 종종 디자인이란 호수에 발가락 끝을 조금 담가보기도 하지만, 그저 그뿐인 신세를 면치 못했다.

그러나 최근 몇 십 년에 걸쳐 상황이 변화하기 시작했다. 디자인이 '민주화' 되기 시작한 것이다. 이를 믿기 어렵다면 다음의 테스트를 해보기 바란다. 아래에 3가지 유형의 서체가 있다. 왼쪽 서체를 오른쪽에 제시한 적절한 서체 이름과 연결해보자.

1. 미래인재의 조건   a. 산돌광수

2. 미래인재의 조건   b. 궁서

3. 미래인재의 조건   c. 산돌명조

독자들은 대부분 이 문제를 빠르고 정확하게 풀었을 것으로 짐작된다(정답은 1-b, 2-c, 3-a다). 하지만 이 문제를 25년 전에 내놓았다

면 대부분의 사람들이 어떤 단서조차 잡지 못했을 것이다. 당시만 하더라도 서체란 활자공이나 그래픽 디자이너들의 특수한 영역으로 간주되어 여러분이나 나 같은 일반인들은 그 의미를 거의 알지 못했다. 오늘날 우리는 새로운 서식지에 살고 있다. 읽고, 쓰고, 컴퓨터를 사용할 줄 아는 대부분의 서구인들은 서체에 대해 일정한 지식을 갖고 있다.

"만일 여러분이 열대우림 지대에 살고 있다면 수많은 종류의 나뭇잎들을 구별하는 방법에 대해 배울 것입니다."

버지니아 포스트렐은 이렇게 덧붙인다.

"마찬가지로 우리는 수많은 서체들을 구별하는 방법에 대해 배웁니다."

물론 서체는 디자인이 급진적으로 대중화되어 가는 양상을 보여주는 한 단면일 뿐이다. 지난 10년 중 가장 성공한 소매 벤처기업 가운데 하나로서 19개 스튜디오 네트워크를 갖춘 디자인위딘리치(Design Within Reach)는 훌륭한 디자인을 대중에게 전달한다는 기업사명을 갖고 있다. 위딘리치의 상점과 카탈로그를 살펴보면 과거에는 부유층의 전유물이었지만 이제는 좀 더 많은 대중들도 충분히 향유할 수 있는 아름다운 의자, 램프, 책상 등을 발견할 수 있다.

앞에서 우리 가족이 방문했던 쇼핑센터로 소개한 포토맥야드는 디자인의 대중화에서 한 걸음 더 나아가 하이패션과 대중상품의 경계를 허물었다. 아이작 미즈라히 의류라인이 그랬던 것처럼 말이다. 〈뉴욕타임스〉 지면에 포토맥야드는 3.49달러짜리 흘림 방지 유아용 컵 광고를 5,000달러짜리 시계 및 3만 달러짜리 다이아몬드반지 광고와 나란히 싣고 있다.

마찬가지로 내가 포토맥야드에서 구입했던 변기용 솔을 만든 마이클 그레이브스는 품격 높은 전망대, 스튜디오, 현관 등을 소비자들이 직접 꾸밀 수 있는 조립용 건축 키트를 판매하고 있다. 도서관, 박물관, 수백만 달러짜리 호화저택 등을 디자인했던 그레이브스를 일반 대중이 고용해서 집을 짓기에는 비용이 너무 많이 든다. 하지만 지금은 1만 달러만 들이면 세계 최고의 건축가가 만든 품격 있고 아름다운 작품을 자기 집 뒤뜰에 설치할 수 있게 됐다.

디자인의 큰 흐름은 상업적인 분야를 넘어서고 있다. 소니가 400명의 디자이너 직원을 보유하고 있다는 사실은 놀랄 일이 못 된다. 하지만 예수 그리스도 후기 성도 교회(The Church of Jesus Christ of Latter-day Saints)가 60명의 디자이너를 고용하고 있다는 사실은 어떨까?

"중요한 것은 미학이다. 매혹적인 물건은 효용이 더욱 크다."
돈 노먼(Don Norman) 저술가 겸 엔지니어링 교수신(神)이 예술가들을 교회로 불러 모았다면 미국 정부는 디자이너의 감각을 빌려 자신들의 건물을 개량하고 있다. 미국 정부 건물의 건축을 감독하는 공공서비스국은 우중충한 연방정부 시설들을 좀 더 일하기 쾌적하고 아름답게 만들기 위한 '우수 디자인' 프로그램을 운영하고 있다.

심지어 미국 외교가에도 새로운 시대의 바람이 불고 있다. 2004년 미국 국무부는 과거 수년 동안 사용했던 서체인 'Courier New 12'를 버리고 새로운 표준 서체인 'Times New Roman 14'로 대체하겠다고 선언했다. 국무부 내부 회람문서에는 그 이유가 자세히 적혀 있다. "새 서체 'Times New Roman 14'는 한 페이지에 'Currier New 12'와 정확히 똑같은 수의 글자가 들어가고도 좀 더 선명하고 상쾌하며 현대적인 느낌을 준다."

여기서 변화 그 자체보다 더욱 눈에 띄는 사실은 국무부에 있는 모든 사람들이 그 회람문서가 말하는 바를 잘 이해했다는 사실이다(만약 한 세대 전이었다면 대부분 무슨 말인지 고개를 갸우뚱했을 것이다).

디자인이 창조하는 새로운 시장

디자인의 대중화는 비즈니스의 경쟁논리를 바꿔놓았다. 기업들은 전통적으로 가격이나 품질, 또는 이 2가지 요소의 결합을 통해 서로 경쟁해 왔다. 하지만 오늘날 좋은 품질과 합리적인 가격은 단순히 비즈니스란 게임의 기본 요소일 뿐이다. 시장에 참여하기 위한 입장권을 얻는 것에 불과하다는 얘기다.

일단 기업들이 이 같은 기본 요구조건을 충족시키고 나면 기능이나 가격적인 면보다는 기발함, 아름다움, 의미 등 말로 표현하기 어려운 요소를 갖고 경쟁해야 한다. 이러한 생각은 완전히 새로운 것이라 할 수 없다. 톰 피터스는 기업들에게 조언한다.

"디자인은 사랑과 증오의 차이를 만드는 기본 요소입니다."

하지만 사용 서체에 관한 국방부 회람문서의 경우와 마찬가지로 좀 더 눈여겨볼 사실은, 그와 같은 생각의 내용이라기보다는 그 생각이 널리 받아들여지고 있다는 것 그 자체다. 서로 다른 나라의 서로 다른 업계에서 일하는 두 사람의 말을 들어보자.

폴 톰슨(Paul Thompson)은 뉴욕에 있는 쿠퍼휴이트 박물관의 관장이며, 오가 노리오(Ohga Norio)는 전 소니(Sony) 회장이다.

먼저 폴 톰슨은 다음과 같이 말했다.

"제조업체는 더 이상 가격구조나 임금 비용 면에서 극동 아시아와 경쟁할 수 없다는 사실을 깨닫기 시작했다. 그렇다면 어떻게 경쟁할 것인가? 해답은 디자인에 있다."

오가 노리오는 이렇게 말했다.

"소니 사람들은 모든 제품에서 경쟁자들과 기본적으로 똑같은 기술, 가격, 성능, 기능을 갖고 경쟁한다고 생각한다. 시장에서 다른 제품들과 차별화할 수 있는 요소는 오로지 디자인뿐이다."

폴 톰슨과 오가 노리오의 말은 기업의 수익과 주식가격 면에서 볼 때 점점 더 설득력을 얻고 있다. 런던 경영대학원의 연구에 따르면, 기업이 제품 디자인에 1퍼센트씩 투자를 늘릴 때마다 매출과 수익이 평균 3~4퍼센트씩 늘어난다. 마찬가지로 다른 연구 결과를 보면 디자인을 중시하는 기업의 주식은 디자인을 소홀히 여기는 기업과 큰 차이를 보이고 있다.

자동차도 좋은 예다. 미국에는 운전자보다 자동차가 더 많다. 이 말은 자동차를 갖고 싶어 하는 사람들 대부분은 이미 자동차를 소유하고 있다는 뜻이다. 경쟁이 치열한 탓에 자동차 가격은 내려가고 품질은 올라갔으며, 이제 디자인만이 소비자의 결정을 좌우하는 핵심 기준으로 남았다. 미국의 자동차 제조업체들은 이러한 교훈을 천천히 깨달았다. GM의 디자인 이사 앤 애스니오(Anne Asenio)는 말한다.

"사업가들이 디자이너를 깊이 이해할 필요는 없다. 그들이 곧 디자이너가 돼야 하기 때문이다."

로저 마틴(Roger Martin) 로트먼 경영대학원장

"마케팅 관리자들은 1960년대부터 오랫동안 과학 및 엔지니어링에 초점을 맞춰 데이터 수집과 숫자 계산에 골몰한 반면, '우뇌'의 중요성에 대해서는 간과해왔지요."

디자인을 소홀히 한 미국의 자동차 업계는 결국 큰 어려움을 겪어야 했다. 그리하여 마침내 우리가 앞에서 살폈던 로버츠 루츠 같은 인물이 효용에 의미를 더해야 할 필요성을 보여줬다. GM이 예술 사업을 하고 있다는 루츠의 선언은 곧 유명해졌으며, 디자이너를 엔지니어와 동등하게 취급하는 결과를 가져왔다. 그의 말을 들어보자.

"차별화하지 못하면 살아남을 수 없습니다. 나는 디자이너란 육감을 가진 사람들이라 생각합니다. 그들은 여느 전문가들보다 차별화의 요소를 더욱 잘 포착할 수 있는 안테나를 갖고 있지요."

다른 자동차 회사들도 속도를 내서 같은 방향으로 달리기 시작했다. BMW의 크리스 뱅글(Chris Bangle)은 다음과 같이 말했다.

"우리는 자동차를 만들지 않습니다. BMW는 품질에 대한 운전자의 사랑을 표현하는, 움직이는 예술작품을 만들고 있습니다."

포드자동차의 한 부사장은 이렇게 말했다.

"과거에는 대형 8기통 엔진이 최고였지요. 하지만 이제는 조화와 균형이 가장 중시되고 있습니다."

자동차 회사들이 디자인을 이용한 차별화에 몰두하자 〈뉴욕타임스〉는 "마초 문화에 젖어 있는 디트로이트가 엔진 마력에 대한 관심을 뒷좌석으로 넘겼다"라고 쓰면서 이렇게 덧붙였다.

"디트로이트 모터쇼는 '디트로이트 실내장식 쇼'라고 고쳐 불러도 좋을 듯하다."

주방 또한 디자인에 새로운 부가가치가 부과되는 경향을 잘 보여준다. 물론 첨단을 달리는 주방에서는 서브제로 냉장고와 고라니도 삶을 수 있을 정도의 번뜩이는 대형 바이킹 레인지가 구비되어 있는 모습을 볼 수 있다. 그러나 디자인 프리미엄의 가장 큰 증거는 이보다 작고 비교적 저렴한 품목에서 찾을 수 있다. 이제 미국과 유럽의 주방에서는 캐비닛과 조리대가 대중화됐다.

사람 몸에 이식할 때 사용되던 재료 큐텐실(cutensils)이 주방에도 널리 사용되기에 이르렀다. 미국이나 유럽 가정의 주방 서랍을 열어 보면 웃고 있는 고양이 모양의 병따개, 여러분을 바라보며 싱긋 웃고 있는 스파게티 스푼, 동그란 눈에 가늘고 긴 다리를 가진 파스타 집게, 채소를 삶는 데 쓰는 브러시 등을 발견할 수 있다. 아니면 토스터 기계를 사러 나가보자. 평범한 옛날 모델은 거의 찾기 어려울 것이다. 대부분의 제품들이 단순히 주방용 소기구라고 부르기에는 너무나 맵시 있고, 파격적이고, 기발하기 때문이다.

일부 사람들은 이 같은 발전을 교활한 마케터들이 농간을 부린 결과라고 깎아내리거나 부유한 서구인들이 실체보다는 스타일에 매혹된 결과라고 비아냥댈지도 모른다. 하지만 그러한 견해는 경제적 현실과 인간의 열망을 제대로 이해하지 못한 처사다.

평범한 토스터기를 예로 들어보자. 통상적으로 우리는 토스터기를 기껏해야 하루 15분 정도 사용한다. 나머지 하루 1,425분 동안은 사용하지 않고 진열만 해놓는다. 달리 말하자면 토스터기의 하루 시간 중 1퍼센트만이 기능상의 효용을 위해 사용되고 나머지 99퍼센트는 의미를 위해 사용된다. 더구나 40달러 미만의 물건을 산다고 해서 굳이 예쁜 것을 고르지 말아야 할 까닭도 없다.

랄프 왈도 에머슨(Ralph Waldo Emerson)은 우리가 신제품을 내놓으면 사람들이 이를 사기 위해 득달같이 달려들 것이라고 말했다. 하지만 풍요의 시대에는 아무리 신제품일지라도 인간의 우뇌에 호소하지 못하면 누구도 관심조차 갖지 않을 것이다.

디자인이 중시되는 또 한 가지 이유는 상거래의 신진대사가 빨라졌기 때문이다. 오늘날 상품들은 좌뇌적 효용에서 우뇌적 의미로 순식간에 그 중요성이 옮겨간다. 휴대전화를 생각해보자.

"좋은 디자인이란, 그것이 사라지고 나서야 소중함을 깨닫게 되는 뭔가를 만들어내고자 사람들의 욕구에 기술·인지과학·미(美)를 결합하는 르네상스적 행위다."

파올라 안토넬리(Paola Antonelli) 현대예술박물관 학예사 불과 몇 년 전만 해도 휴대전화는 사치품이었다. 그러나 지금은 개성을 표현하는 필수 액세서리가 됐다. 일본의 개인용 전자제품개발 이사인 이주카 토시로(Iizuka Toshiro)는 휴대전화가 "스피드를 강조하고 기능에 특화한 논리적인 장비에서, 개개인의 개성 표현과 상상력을 자극하는 감성적인 장비로 바뀌었다"고 설명한다.

요즘 소비자들은 자기 얼굴에 치장을 하듯 휴대전화의 화면을 꾸미고 원래 기능과 관계없는 것에 돈을 쓰고 있다. 사람들이 벨소리를 꾸미는 데 들인 돈은 연평균 35억 달러에 이른다.

디자인의 경제적 효과 중에서 가장 잠재성이 높은 것은 새로운 시장을 만들어내는 능력이다. 풍요 · 아시아 · 자동화의 힘은 새로운 제품과 서비스를 빠른 시간 내에 대중화시킨다. 따라서 살아남기 위해서는 새롭게 혁신하고, 새로운 소비시장을 창조하며, 파올라 안토넬리의 말처럼 "사라지고 나서야 소중함을 깨닫게 되는" 뭔가를 갖고 있어야 한다.

우리의 미래를 디자인하라

디자인은 그 제품이 갖는 기능 이상의 역할을 한다. 좋은 디자인은 세상을 변화시킨다(물론 나쁜 디자인도 세상을 변화시키긴 한다).

의료 분야를 살펴보자. 병원과 의원은 분명 사람들에게 매혹적이거나 좋은 경험을 남길 수 있는 곳이 못 된다. 의사나 관리자들에게 이 같은 환경을 바꾸고 싶은 마음이 없는 것은 아니지만 약을 처방하고 수술을 집행해야 하는 좀 더 급박한 일에 밀려 이는 항상 부차적인 문제로 취급되게 마련이다. 하지만 병원 내 의료환경 디자인을 개선할 경우 환자들의 회복이 빨라진다는 증거가 속속 나타나고 있다.

예를 들어 피츠버그 몬테피오르 병원의 연구에 따르면 충분한 천연조명이 들어오는 병실에 있던 수술환자들의 경우 그렇지 못한 기존 병실에 있던 환자들보다 진통제가 덜 필요하고 약품 비용도 21퍼센트 줄어드는 것으로 나타났다. 또 다른 연구에서는 똑같은 병을 앓고 있는 환자들을 두 그룹으로 나눠서 비교했다.

한 그룹은 황량한 풍경의 기존 병동에서 치료를 받았고 다른 그룹은 현대적이고, 햇볕이 잘 들며, 시각적으로 매력적인 병동에서 치료를 받았다. 디자인이 좀 더 나은 병동에서 치료를 받은 환자들은 다른

"유용한 것이 아름다운 것이라는 말은 틀렸다. 아름다운 것이 유용한 것이다. 아름다움은 인간의 라이프스타일과 사고방식을 개선한다."

안나 페리에리(Anna Ferrieri) 가구 디자이너

그룹보다 진통제 사용량이 적었고 평균 이틀 정도 퇴원일자가 빨랐다. 지금은 많은 병원들이 좀 더 많은 자연광선이 병실로 들어오게 하고, 안락하면서도 개인의 사생활이 보장되도록 대기실을 꾸미는 한편 명상이나 휴식을 취할 수 있도록 정원과 온실을 만드는 등 가능한 한 모든 디자인을 새롭게 하고 있다. 이러한 노력이 환자들의 치유속도를 향상시킬 수 있다는 사실을 의사들이 깨달았기 때문이다.

마찬가지로 관료주의 탓에 오랫동안 아름다움이 등한시됐던 2개의 분야, 즉 공립학교와 공영주택에도 새로운 디자인 감각이 자리를 잡아가고 있다. 조지타운대학교의 한 연구는 똑같은 학생, 똑같은 교사, 똑같은 교육방법에도 불구하고 학교의 물리적 환경을 개선할 경우 학생들의 시험성적이 11퍼센트나 향상된다는 사실을 발견했다. 한편 끔찍한(?) 미적 감각을 자랑해 오던 공영주택도 새로운 문예부흥기의 초기단계를 거치고 있는 듯 보인다.

뉴욕에 있는 건축가 루이스 브레이버먼(Louise Braverman)의 첼시코트(Chelsea Court)가 좋은 사례다. 풍족하지 못한 예산으로 건축된 이 건물은 컬러풀한 계단과 필립 스탁이 디자인한 지붕에 환기 능력이 우수한 아파트다. 이곳의 모든 거주민들은 저소득층이거나 예전에 노숙을 했던 사람들이다.

디자인은 또한 환경적인 이익도 가져온다. '그린 디자인(Green Design)' 운동은 소비자 상품을 디자인할 때 환경보존의 노력을 덧붙인다. 이러한 접근법은 단지 재활용 자재를 사용하는 데 그치지 않고 상품이 사용되는 때는 물론 나중에 폐기처분할 때도 감안한다. 건축가와 디자이너들은 미국의 빌딩들이 자동차와 공장에서 발생하는 오염과 맞먹는 양의 수많은 오염물질을 내뿜는 사실을 알고 있다. 친환경적으로 지어졌다는 증명을 받기 위해 미국 내 1,100개 이상의 빌딩들이 미국 그린빌딩위원회에 등록을 마친 상태다.

디자인이 일상용품을 예쁘게 만드는 것 외에 뭐 그리 대단한 효과가 있겠느냐고 아직도 대수롭지 않게 생각하는 사람들이 있다면 2000년 미국 대통령선거 당시 앨 고어 후보가 이겼는지, 조지 부시가 이겼는지를 놓고 36일간 혼란이 지속되던 상황을 떠올려보기 바란다. 당시 선거개표의 후유증은 지금 생각해도 악몽이다. 하지만 그러한 소동 속에는 대부분 간과하고 있는 중요한 교훈이 숨어 있다.

당시 민주당에서는 미국 대법원이 조지 부시의 손을 들어주기 위해 재개표를 중지시켰다는 의혹을 제기했다. 한편 공화당에서는 민주당이 투표관리자들에게 '차드(조그만 사각형 투표용지)'의 재검표를 독촉함으로써 승리를 도둑질해가려 한다는 비난을 퍼부었다. 하지만 양측의 주장은 모두 진실이 아니었다.

1년이 흐른 뒤 몇몇 신문사와 학자들은 플로리다 주의 모든 투표용지를 철저하게 조사했고, 2000년 미국 대통령선거의 진실이 드러났다(하지만 그 발견은 9.11 테러가 발생함으로써 거의 묻히고 말았다).

2000년 부시를 대통령으로 당선시킨 나쁜 디자인의 투표용지

다음 사진은 팜비치카운티에서 대통령선거에 사용된 악명 높은 나비모양의 투표용지다. 팜비치카운티는 수만 명의 중장년층 유태인들이 살고 있는 다른 카운티에 둘러싸여 고립된 민주당 열렬 지지 구역이다.

한편 이곳은 극도 보수 성향의 팻 뷰캐넌 후보가 플로리다 주의 다른 카운티보다 평균 3배 많은 3,407표를 획득한 곳이기도 하다(한 통계분석에 따르면 플로리다 주의 다른 66개 카운티에서도 팜비치와 같은 형태로 투표를 했다면 뷰캐넌이 단 603표로 승리했을 것이다). 게다가 팜비치카운티 유권자 중 5,237명은 투표용지에 앨 고어와 팻 뷰캐넌을 함께 표기했다. 따라서 이들의 투표용지는 무효 처리됐다. 부시는 단 537표로 플로리다 주의 전체 투표인단을 차지할 수 있었다.

뷰캐넌의 아찔한 활약과 수천 장의 무효표를 유발한 것은 무엇일까? 바로 나쁜 디자인이다. 어느 당에도 치우치지 않은 공정한 조사를 통해 팜비치카운티에서 어떤 결과가 나왔는지 밝혀졌다. 누가 자유세계의 리더가 될 것인지 결정한 것은 사악한 대법원도 아니요, 차드의 재검표 요원들도 아니었다. 그것은 나쁜 디자인이었다. 이 조사 프로젝트를 지휘했던 어느 교수의 말에 따르면, 당황스런 나비 모양의 투표용지는 수천 명의 유권자들을 착각에 빠뜨렸고 결국 앨 고어가 대권의 꿈을 접게 만들었다고 한다.

"부실한 투표교육, 잘못된 디자인의 투표용지에 의한 혼란이 미국 역사의 진로를 바꿔놓은 것으로 보입니다."

팜비치카운티가 투표용지를 디자인할 때 몇몇 예술가만 참여시켰더라도 미국 역사의 진로는 정말 많이 달라졌을 것이다(이보다는 덜 알려졌지만 두발카운티의 경우도 비슷했다. 투표용지 한쪽 페이지에는 5명의 후보 이름이 적혀 있었고 다음 페이지에도 5명의 이름이 인쇄되어 있었다. 두발카운티의 경우 앨 고어에 투표한 7,162장의 투표용지가 2명의 후보에게 투표한 것으로 간주돼 무효로 처리되었다. 만약 투표교육이 제대로 이뤄졌다면 고어가 승리에 더욱 가까이 갔을 것이다). 사람들은 나비모양의 투표용지와 이로써 파생된 혼란이 궁극적으로 미국에게 좋은 결과를 불러왔느니 나쁜 결과를 초래했느니 하며 설전을 펼쳤다. 그런데 이러한 결과는 민주당이나 공화당을 지지한 사람에 의해 꾸며진 것이 아니다. 우연히 나쁜 디자인의 투표용지가 만들어진 것뿐이다.

하지만 누가 어떤 주장을 하든 간에, 스푸트니크(소련의 세계 최초 인공위성—옮긴이)가 발사되던 시기에나 어울리는 나비형 투표용지가 후기 정보화 시대에 사용됐다는 사실은 좀처럼 믿기 어려운 일이다. 놀랍게도 세계적인 변화를 몰고 왔을지도 모르는 사건을 조사해보니 미국인들이 얼마나 근본적이고 중요한 요소에 취약한지가 남김없이 드러났다. 바로 '디자인' 말이다.

디자인은 아웃소싱하거나 자동화하기 어려운 하이컨셉 재능이다. 그리고 이는 비즈니스에서 점점 더 경쟁우위를 부여하고 있다. 예전보다 더욱 쉽게 접근할 수 있고 좀 더 얻기 쉬워진 좋은 디자인은 우리 생활에 즐거움, 의미, 아름다움을 선사한다. 그러나 가장 중요한 것은 우리가 살고 있는 이 조그만 지구를 모든 사람들이 살기 좋은 곳으로 만들 수 있는 디자인 감각을 배양하는 일이다. 그리하여 CHAD 학생들이 사회에 진출하게 될 때 세상이 얼마나 더 좋은 곳으로 향해 가고 있을지 상상해보는 것은 즐거운 일이다.

이에 바버라 챈들러 앨런은 "디자이너가 된다는 것은 변화의 중개자가 됨을 뜻한다"라고 말한다.

스토리
소비자를 움직이는 제3의 감성

여기서 돌발퀴즈! 나는 앞에서 하이컨셉 · 하이터치 시대로 몰아가는 3가지 힘에 관해 설명하면서, 이를 뒷받침하는 몇몇 증거들을 제시한 바 있다. 여러분이 얼마나 기억하고 있는지, 책 중반에 이른 지금 중간고사를 치러보기로 하자. 너무 부담 느낄 필요는 없다. 답이 틀렸다고 내가 책 속에서 튀어나와 따지지는 않으니까.

여러분이 비상한 기억력을 갖고 있거나 특별히 저임금에 관심이 있지 않는 한 첫 번째 질문에 대답하지 못했을 것이다. 첫 번째 질문의 답은 '1,360억 달러'다. 하지만 두 번째 질문에는 비교적 쉽게 대답했을 것이다. 답은 체스 세계 챔피언 '게리 카스파로프'다. 맞혔는가?

두 번째 질문에 답을 할 수 있었던 이유는 무엇일까? 첫 번째 질문은 '팩트(fact)', 즉 '사실'을 기억하느냐의 물음이고, 두 번째 질문은 '스토리(Story)', 즉 '이야기'를 기억하는지의 물음이기 때문이다. 게리 카스파로프의 슬픈 일화는 비교적 쉽게 기억한 반면 개별적인 사실을 생각해내는 데는 어려움을 느꼈을 것이다. 그렇다고 해서 이것이 지능 감퇴나 알츠하이머병의 징조라고 여길 필요는 전혀 없다. 스토리는 비교적 기억하기 쉽다. 왜냐하면 스토리는 인간이 '기억을 하는 방식'이기 때문이다. 인지과학자 마크 존슨(Mark Johnson)은 자신의 책《문학적인 사고(The Literary Mind)》에서 이렇게 말한다.

"이야기체(내러티브)를 이미지화한 '스토리'는 사고의 기본적인 도구다."

그리고 이에 대해 다음과 같이 설명한다.

"합리적인 능력은 스토리에 의지한다. 스토리는 우리가 미래를 전망하고, 예측하며, 계획을 세우고, 설명하는 주요 수단이다. 우리의 경험과 지식 그리고 사고의 대부분은 스토리로 정리된다."

석기 시대 원시인(돌덩이를 쪼아 도구를 만드는 디자이너)을 다시 한번 떠올려보기 바란다. 저녁이 되면 그는 친구들과 함께 집으로 돌아와 모닥불 주위에 둘러앉은 뒤, 날카로운 이빨의 호랑이로부터 도망친 모험담이며 동굴 내부를 개조한 이야기 등을 나눴을 것이다. 그는 논리가 아닌 스토리를 통해 자기 자신을 설명하고 다른 사람과 관계를 맺었을 것이다. 그리고 곁에 있던 또 다른 원시인은 이를 경험삼아 더 진화된 생활양식을 만들어냈을 것이다.

스토리가 세상을 움직인다

이렇듯 스토리는 인류의 생활양식과 사고에 큰 영향을 끼쳐왔지만 정보화 시대에 들어서면서부터는 좋지 못한 평판을 받았다. 스토

뉴욕 소재 저소득층을 위한 아파트인 첼시 코트의 옥상 테라스

리가 팩트의 이복동생쯤으로 간주된 것이다. 스토리는 일부 꾸며
낸 것인 반면, 팩트는 진실이라는 점에서 높게 평가한다. 또한 스
토리는 우리를 즐겁게 해주지만 팩트는 계몽한다고 인식한다. 스
토리는 기분을 전환시켜주는 반면 팩트는 무언가를 밝혀내는 것이
라 생각한다. 그러나 이러한 인식은 2가지 면에서 큰 오류를 범하
고 있다.

첫째, 앞서 돌발퀴즈를 생각해보자. 스토리와 팩트에 대한 사람들
의 사고방식이 실제로는 전혀 반대로 작용한다는 것을 알 수 있다. 다
시 말해 스토리는 사실을 좀 더 쉬우면서도 명확하게 이해하도록 만
든다.

둘째, 하이컨셉·하이터치 시대에 스토리를 대수롭지 않게 여기는 사고방식은 아마도 여러분의 비즈니스 경쟁력을 위험에 빠뜨릴지도 모른다.

하지만 만약 여러분이 그동안 스토리보다 팩트를 더 신뢰해왔더라도 그건 여러분 탓이 아니다. 사실 최근까지 팩트에 대한 정보를 구하기란 쉽지 않았다. 불과 15년 전만 하더라도 궁금한 사실에 대해 박물관이나 도서관을 찾아 먼지 쌓인 책꽂이를 들추는 게 순서였다. 그 밖의 핵심 정보는 자금력이 풍부한 기관이나 전문가들만 접근할 수 있도록 지극히 사유화된 데이터베이스였다. 때문에 팩트는 높은 가치를 지니고 있었다.

그런데 지금은 어떤가? 인터넷과 소셜 테크놀로지의 발달로 팩트를 너무 쉽게, 그것도 거의 무료로, 게다가 빛의 속도만큼 빠르게 얻을 수 있다. 여러분이 뭔가를 알고 싶다면 구글(Google) 검색창에 단어만 치면 순식간에 수많은 자료들이 화면에 출력된다. 이제는 전혀

"인간은 선천적으로 논리를 이해하는 데 이상적이지 않다. 인간은 선천적으로 스토리를 이해하도록 만들어져 있다."

로저 섕크(Roger Schank) 인지과학자

신기할 게 없는 많은 것이 15년 전만 하더라도 상상하기 어려운 일이었다. 가령 브뤼셀의 현재 기온을 알아보거나 IBM 주식의 현재가를 알아보는 것 따위는 인터넷만 다룰 줄 알면 열 살배기 꼬마도 어렵지 않게 할 수 있는 일이 됐다. 아마도 이 꼬마는 영국의 처칠 정부 시절 두 번째 재무부장관 이름이 뭔지 케임브리지대학교 도서관장만큼이나 쉽고 빠르게 알아낼 수 있을 것이다.

이러한 변화는 여러 가지 측면에서 중대한 영향을 미쳤다. 팩트에 대한 접근이 누구에게나 즉각적으로, 또한 광범위해졌다는 사실은 팩트 자체의 가치를 급속히 떨어뜨렸다. 이는 팩트를 한데 엮어 맥락을 통해 감성적 공감을 제공하는 능력이 높은 평가를 받게 됐음을 의미한다. 결국 스토리를 다루는 능력이 중요해졌다는 뜻이다.

스토리는 하이컨셉과 하이터치의 교차점에 존재한다. 스토리는 하이컨셉이다. 여러 가지 맥락을 통해 어떤 사실을 좀 더 쉽게 이해할 수 있도록 해주기 때문이다. 예를 들어 존 헨리 이야기는 초기 산업화 시대에 어떤 일이 벌어졌는지를 매우 압축적으로 이해할 수 있도록 해준다. 마찬가지로 게리 카스파로프 이야기는 복잡한 내용을 더욱 기억하기 쉽고 의미 있는 방법으로 전달한다. 이는 파워포인트를 이용해 프레젠테이션하는 것보다 더 좋은 효과를 지닌다.

또한 스토리는 항상 감정적인 펀치를 날린다는 측면에서 하이터치다. E. M. 포스터(E. M. Forster)의 유명한 말을 부연하자면 "왕비가 죽고 왕이 죽었다"는 팩트고, "왕비가 죽자 왕이 상심한 나머지 세상을 떠났다"는 스토리다.

돈 노먼은 《우리를 스마트하게 만드는 디자인(Things that Make us Smart)》에서 스토리가 지니고 있는 하이컨셉·하이터치 요소에 대해 이렇게 설명했다.

"스토리는 정식 의사결정 방법으로는 다루지 못하는 요소들을 정확히 포착하는 데 적절한 능력을 갖고 있다. 논리는 일반화를 시도하고, 특정 맥락으로부터 판단을 내리지 않으며, 주관적인 감정을 배제한다. 반면 스토리는 맥락과 감정을 포착한다. 스토리는 중요한 인식 작용이다. 스토리는 정보·지식·맥락·감정 등을 하나의 치밀한 패키지로 압축한다."

요약하고, 맥락을 만들고, 감정에 호소하는 능력은 하이컨셉·하이터치 시대에서 꼭 필요한 중요한 조건이다. 앞에서 언급한 것처럼 일상적인 좌뇌형 업무들은 상당 부분 체계화·정형화가 되었기 때문에 컴퓨터나 저임금의 외국 좌뇌형 인력들에게 넘어갔다. 이에 따라 스토리를 구현하는 능력은 더욱 중시되고 있다.

이 장에서는 객관적 사실을 이용해 사람들의 감정을 움직이는, 스토리로 빚어내는 하이컨셉·하이터치 능력이 어떻게 비즈니스와 의학치료 그리고 삶의 중요한 특질로 떠올랐는지 살펴본다. 그 전에 스토리 하나를 먼저 소개하겠다.

옛날 옛적 어느 먼 나라에 부족함 없이 행복하게, 또한 만인의 존경을 받으며 살아가던 한 영웅이 있었다. 그러던 어느 날 이 나라에 3명의 방문자가 찾아왔다. 그들은 영웅의 여러 가지 흠을 들춰내면서 당장 추방해야 한다고 주장했다. 영웅이 그들의 주장을 반박했지만 소용없었다. 결국 조국에서 추방당한 영웅은 새로운 세상을 향해 길을 떠난다.

영웅은 많은 시련과 고통을 겪는다. 그러나 고단한 여행길에서 만난 몇몇 사람들의 도움으로 그는 깊은 깨달음을 얻게 된다. 그리고 귀국을 결심한다. 마침내 고국으로 돌아온 주인공은 한때 자신의 진가를 알지 못했던 사람들의 환영을 받는다. 그는 여전히 그곳이 자신의 고향임을 깨닫는다.

어디서 많이 들어본 스토리 같지 않은가? 그렇다. 조지프 캠벨(Joseph Cambell)이 말한 '영웅의 여정'을 조금 변형한 것이다. 《천의 얼굴을 가진 영웅(The Hero With a Thousand Faces)》에서 캠벨은 "시간과 국경을 초월해 모든 신화는 똑같은 기본 요소를 갖고 있으며 전형적인 전개 방법을 따르고 있다"고 말했다. 그리고 "새로운 스토리란 존재하지 않으며 예전에 있었던 스토리와 똑같을 뿐"이라고 덧붙였다. 인류 초기부터 있어온 모든 이야기의 원형이 바로 '영웅의 여정'이라는 것이다.

영웅의 여정은 3개의 주요 부분으로 구성되어 있다. '부름', '도전', '귀환'이 그것이다. 영웅은 '부름'을 받고 처음에는 이를 거부하지만 마침내 경계를 넘어 새로운 세상으로 들어간다. '도전'의 시기에 그는 많은 시련과 위험에 처한다. 하지만 자신의 길을 개척(훌륭한 멘토를 만나 도움을 받고 신성한 아이템이나 가치를 획득)하다가 변화를 체험한 뒤 마침내 새롭게 거듭난다. 그리고 '귀환'해 훌륭한 지도자가 된다.

이 구조는 호메로스(Homeros)의 대서사시 《오디세이아(Odysseia)》나 '붓다'의 이야기, '아서 왕'의 전설, 《허클베리 핀(Huckleberry Finn)》 그리고 영화 '스타워즈'나 '매트릭스' 등 모든 이야기의 공통된 기초라고 할 수 있다. 따라서 "영웅의 여정이 모든 서사 구조의 토대"라는 캠벨의 주장은 설득력이 있다.

그런데 영웅의 여정에 관해 사람들이 눈치 채지 못하는 또 다른 사실이 있다. 나도 최근까지 이에 대해 제대로 알고 있지 못했는데, 그러니까 영웅의 여정은 이 책 《새로운 미래가 온다》의 기본 스토리 구

"수레바퀴가 없이도 훌륭했던 사회는 존재했다. 그러나 스토리가 없었던 사회는 존재하지 않았다."
어슐러 K. 르 귄(Ursula K. Le Guin) 작가

조라는 사실이다.

이 책은 좌뇌형 재능을 가진 지식근로자의 이야기로 출발했다. 그들은 변화의 위기(풍요·아시아·자동화)에 직면해 부름(새로운 업무 및 생활양식)에 응해야 한다. 처음에는 이 부름을 거부(변화의 요구를 부정)하지만 결국 그 경계를 넘어선다(그렇게 하이컨셉·하이터치 시대로 들어선다). 그들은 도전을 하면서 어려움(우뇌형 재능을 키우느라)을 겪지만, 마침내 그 능력을 얻는 데 성공한다. 그리하여 새로운 인재(우뇌형 인간)로 거듭나서 돌아온다. 그들은 이미 좌뇌형 인간이었기 때문에 결국 양쪽 뇌를 모두 활용하는 새로운 사고를 갖기에 이른다.

이 책이 신화적인 영웅담을 담고 있다는 뜻으로 하는 이야기는 아니다. 내가 말하고자 하는 것은 영웅의 여정이라는 스토리 구조는 어느 스토리에나 숨어 있다는 사실이다. 우리 내면에는 익숙한 이야기를 통해 세상을 설명하려는 경향이 있다. 심지어 자신에 대한 이야기를 하는 경우에도 마찬가지다. 우리가 '스토리의 힘'에 각별히 주목해야 하는 이유도 바로 이 때문이다.

스토리 비즈니스

로버트 맥키(Robert McKee)는 할리우드에서 가장 영향력 있는 인물이다. 영화 스크린이나 엔딩 크레딧에 얼굴이나 이름이 나오지는 않지만, 지난 15년 동안 맥키는 해마다 미국과 유럽에서 개최되는 각종 세미나를 통해 시나리오 작가 지망생들에게 훌륭한 스토리를 만드는 방법을 가르쳐왔다.

지금껏 4만 명 이상이 그의 스토리 강좌를 듣기 위해 600달러의 돈을 선뜻 지불했다. 더욱이 그의 강좌를 수강한 학생들은 스물여섯 차례나 아카데미상을 수상했다. 영화대본을 쓰고자 하는 사람은 누구나 그의 책 《스토리: 본질, 구조, 형식 그리고 시나리오의 원칙 (Story: Substance, Structure, Style and The Principles of Screenwriting)》부터 읽기 시작한다.

그런데 최근에는 맥키를 찾는 새로운 부류의 사람들이 생겨났다. 이 새로운 추종자들은 시내 멀티플렉스 영화관에 가서 영화 티켓과 팝콘 살 때를 제외하면 영화 산업과 아무 관계가 없는 사람들이다. 어떤 사람들일까? 바로 기업의 CEO와 임원들이다. 그들은 왜 맥키의 조언을 들으려고 할까? 불같은 성격을 가진 스토리 거장의 설명을 직접 들어보자.

"기업가들은 대개 스토리를 신뢰하지 않습니다. 거짓말, 그것도 악랄한 거짓말을 하기 위해 통계치를 사용하며, 대차대조표를 위시한 회계보고서는 덕지덕지 분칠되어 있게 마련이지요. 만약 선천적으로 자신의 사고가 '경험을 스토리 형식으로 체계화한다'는 사실을 이해한다면, 고객의 마음을 열기 위해서 스토리를 포용하려는 욕구를 거부해서는 안 됩니다."

스토리가 큰돈이 된다는 사실을 깨닫고 있는 기업이 많아지고 있다. 경제학자 맥클로스키(McCloskey)와 아르조 클래머(Arjo Klamer)는 타인을 설득하는 산업(광고 · 컨설팅 · 카운슬링 등)의 규모가 미국 전체 GDP의 25퍼센트에 달한다고 발표했다. 이러한 산업에서 약 절반가량이 스토리적인 요소에 힘입는다고 가정한다면, 스토리는 미국 경제에서 한해 약 1조 달러의 가치를 갖고 있다고 할 수 있다. 때문에 대중이 신봉하는 스토리의 미덕을 수용할 수밖에 없다.

이를 명확히 증명하는 좋은 사례가 있다. 이른바 '조직 내 스토리텔링(Organizational Storytelling)'이라고 불리는 운동이다. 이는 기업이 조직 내에 존재하는 모든 스토리를 파악해 이를 기업의 목표로 추구하는 데 이용하는 것을 말한다. 이 운동의 창시자라고 할 수 있는 스티브 데닝(Steve Denning)은 시드니에서 변호사로 경력을 쌓다가 훗날 세계은행(World Bank)에서 관리자로 일했던 인물이다. 그는 내게 이렇게 말했다.

"나는 좌뇌형 인간이었습니다. 큰 조직일수록 그런 사람을 선호하죠."

그러던 어느 날 세계은행 내 대규모 인사이동이 단행됐다. 이때 데닝은 누구나 부러워하던 부서에서 쫓겨나 조직 내에서 시베리아와 같은 곳으로 여겨지는 유배지로 짐을 꾸리는 신세가 되고 말았다. 새로 발령받은 부서는 조직 내에서 이른바 '지식관리(knowledge management)'라고 불리는 업무를 처리하는 곳이었다. 즉, 기업 내에서 무수히 발생하는 정보와 경험을 체계화하는 부서였다.

데닝은 그곳의 부서장으로 발령받았다. 처음에는 새로 맡은 일을 내심 못마땅하게 생각했다. 하지만 그는 마침내 변화를 겪었다. 영웅의 여정과 비슷하지 않은가? 데닝은 세계은행이 보유한 지식을 제대로 이해하기 위해, 즉 관리할 필요가 있는 지식이 어떤 것인지 알기 위해 은행의 공식문서와 보고서를 읽기보다는, 구내식당 등에서 흘러 다니는 이야기에 귀 기울이는 일이 더욱 절실하다는 사실을 깨달았다. 그리고 조직의 지식이 일정한 스토리에 담겨 있음을 발견했다. 이는 세계은행에서 진정한 지식관리 책임자가 되기 위해서는 지난 25년 동안 해왔던 좌뇌형 변호사·좌뇌형 관리자로서의 접근 방식을 초월해야 한다는 것을 의미했다. 결국 그는 지식을 담고 전

"신화란 우주의 무한한 에너지를 인간에게 쏟아붓는 비밀스런 통로다."

조지프 캠벨(Joseph Campbell) 신화학자

138

달하기 위해 스토리를 이용함으로써 세계은행을 지식관리의 선구자로 만들었다.

"스토리텔링이 분석적인 사고를 대체하는 것은 아닙니다. 대신 새로운 관점과 새로운 세상을 상상할 수 있도록 함으로써 분석적인 사고를 보완하지요. 추상적인 분석은 잘 고른 스토리라는 렌즈를 통해 바라볼 때 더욱 이해하기가 쉽습니다."

이제 데닝은 자신의 메시지를 자신의 이야기에 담아 세계 모든 조직에 널리 전파하고 있다. 비즈니스에서 스토리가 가진 효용 가능성을 간파한 사람은 데닝만이 아니다. 기존 회사들이 내부 스토리를 효과적으로 수집할 수 있도록 돕는 새로운 회사들이 생겨났다. 그중 한 곳이 시카고 인근에 위치한 스토리퀘스트(StoryQuest)다. 이 회사는 기업문화와 사명에 대해 좀 더 폭넓은 인식을 얻을 수 있도록 인터뷰 담당자를 고객기업에 파견해 해당 기업 직원들의 스토리를 녹취한 뒤 개인들의 이야기를 CD에 담아 제공한다.

영국에서는 로렌스 올리비에(Laurence Olivier)의 아들인 리처드 올리비에(Richard Olivier)가 전직 셰익스피어 극장 연출자와 함께 대기업을 상대로 기업 활동에 스토리를 접목하는 방법에 대해 조언해주고 있다. 리처드 올리비에는 자신의 기법을 '신화적 드라마(mythodrama)'라고 부른다. 이는 "모든 신화는 하나의 원형을 따른다"는 캠벨의 견해에 바탕을 두고 있다. 그의 고객들은 셰익스피어의 희곡을 읽고 연기하면서 리더십과 기업운영의 교훈을 찾아내고 있다.

"논리적이고 분석적인 능력만으로는 더 이상 성공을 보증할 수 없습니다."

성공적인 기업가가 되기 위해서는 회계·재무 과학에 스토리 기법을 결합할 수 있어야 한다. 구매담당 매니저가 타이터스 앤드러니커스(Titus Andronicus, 셰익스피어의 잔혹극 - 옮긴이)를 재미있게 연기하도록 만드는 것은 어려운 일이 아니다. 그러나 중요한 것은 느리고 변화를 거부하는 거대 조직이 스토리와 씨름을 벌이기 시작했다는 사실이다. 이는 내가 앞에서 설명했던 것처럼 스토리가 '선천적인 능력'임을 입증한다. HP의 임원이자 제록스 기술연구소(Xerox PARC)의 공동설립자인 앨런 케이(Alan Kay)는 말한다.

"전형적인 임원회의실 모습을 한 꺼풀 벗겨보면 우리 모두는 서류가방을 든 원시인에 불과하며, 우리에게 스토리를 들려줄 현명한 사람의 출현에 목말라한다는 사실을 알 수 있습니다."

스토리는 비즈니스에 또 다른 중요한 충격을 주고 있다. 디자인과 마찬가지로 스토리는 개인과 기업이 공급 과잉 시장에서 자신의 상품과 서비스를 차별화하는 중요한 수단이 돼가고 있다. 이를 설명하기 위해서는 소비자의 한 사람으로서 내가 겪은 몇 가지 이야기를 들려주는 게 가장 좋은 방법이라고 생각한다.

스토리를 차별화 수단으로 이용한 첫 번째 사례로 내가 받은 우편

물 이야기를 해보겠다. 워싱턴 D.C. 서북부에 자리한 우리 마을은 현재 세대교체가 한창 진행 중이다. 수십 년 전에 이곳에 정착한 뒤 고풍스러운 집에서 아이들을 길렀던 사람들은 하나둘 은퇴의 길을 걷기 시작했다.

한편 아이를 양육하는 젊은 부부들은 교통이 편리하고 조용한 주거환경을 갖춘 우리 마을로 새롭게 속속 모여들고 있다. 이처럼 잠재 수요자가 잠재 공급자의 수를 훨씬 웃돌면서 마을의 집값은 나날이 치솟고 있다. 부동산 중개업자들은 나이 든 주민들에게 엽서를 보내, 집을 팔고 다른 곳으로 이사 갈 것을 끈질기게 권유하고 있다. 그들이 꾸준히 보내는 엽서를 살펴보면 자신들이 최근에 거래했던 집의 최고 시세가 자랑스럽게 적혀 있다.

그런데 어느 날 나는 어떤 부동산 중개업자가 보내온 색다른 엽서를 받았다. 처음에는 무심코 쓰레기통에 넣을 뻔했다. 엽서의 한 면에는 흔히 볼 수 있는 사진, 즉 그 중개업자가 최근에 매도 계약을 성사시킨 몇 블록 떨어진 곳의 주택 사진이 인쇄돼 있었다. 하지만 그 뒷면에는 커다란 글씨로 판매 가격이 적혀 있는 대신, 그 집에 얽힌 사연이 기록돼 있었다.

플로렌스 여사와 부군께서는 1955년에 이 매혹적인 집을 2만 달러로 구입했습니다. 그들은 이 집의 견고한 참나무 바닥, 커다란 유리

창문, 박달나무 문틀, 영국식 벽난로, 정원의 연못을 사랑했습니다. 그런데 91세가 되자 플로렌스 여사는 은퇴 노인들의 보금자리인 브라이튼 가든으로 거처를 옮기셨습니다. 그러자 여사의 가족들께서는 내게 이 보석 같은 집을 팔아달라고 부탁하셨습니다. 큰 영광이었습니다. 우리는 집을 깨끗이 청소하고, 안팎을 새로 단장했으며, 바닥 표면을 손보고, 창문을 정성스럽게 닦았습니다. 이 집의 새로운 주인이 된 스코트 드레서 부부는 옛 주인들 못지않게 이 집을 사랑하며, 앞으로 영원히 이 집에서 살고자 하는 계획을 갖고 있습니다. 주민 여러분, 바쁘시겠지만 짬을 내셔서 이 새로운 이웃을 환영해주시기 바랍니다.

엽서에는 집값이 얼마인지 나와 있지 않았다. 얼핏 실수로 적어 넣지 않은 것처럼 생각할 수 있지만, 사실은 하이컨셉·하이터치 시대에 걸맞은 치밀한 마케팅 전략이다. 집값이야 굳이 말하지 않더라도 인터넷을 검색하거나 이웃들에게 물어보면 다 알 수 있다. 게다가 우리 마을의 집들은 거의 비슷해서 판매가에서 큰 차이를 보이지 않는다. 때문에 그저 높은 가격에 팔아주겠다는 너스레만으로는 부족하다. 더욱이 50년 가까이 살아서 정이 많이 든 집이라면 단순히 돈만 보고 판매 결정을 내리기는 어렵다. 감성을 자극하는 요소가 이에 덧붙여져야 한다.

내게 특별한 엽서를 보내온 이 부동산 중개업자는 잠재적인 판매자와 감성적인 유대관계(하이터치)를 맺고 자신의 서비스를 차별화하기 위해 '숫자'만을 부각시키는 경쟁자들과는 달리 '스토리'를 이용한 것이다.

스토리의 역할에 관한 사례를 하나 더 들어보겠다. 어느 날 오후 나는 가게에 들러 저녁식사 때 먹을 음식을 사면서 와인 몇 병을 고르고 있었다. 품질이 좋으면서도 다 합쳐 50달러 정도로 살 수 있는 저렴한 와인을 원했다. 우선 9~10달러대의 레드 와인 세 종류가 눈에 띄었다. 셋 다 맛과 향은 비슷해 보였다. 병 라벨을 자세히 살피니 2개는 대개의 와인 라벨이 그렇듯 맛과 향기를 자랑하는 미사여구가 쓰여 있었다. 그런데 세 번째 것은 달랐다. 바로 스토리가 있었다.

이 와인을 세상에 내놓겠다고 결심한 사람은 에릭 바돌로메와 알렉스 바돌로메 형제였습니다. 형제는 훌륭한 와인을 생산하기로 결심했습니다. 알렉스는 좋은 재료를 찾고, 에릭은 예술적인 라벨을 만들었습니다. 바돌로메 형제에게 와인이란 돈벌이의 수단이라기보다는 암 때문에 너무 일찍 세상을 떠난 어머니에 대한 추모입니다. 빅타투 레드 와인은 팔릴 때마다 한 병에 50센트씩 릴리아나 바돌로메 여사의 이름으로 노던 뉴저지 호스피스 및 여러 암 연구재단에 기부됩니다. 여러분의 지원 덕분에 출시 첫해 7만 5,000달러를 기부할 수 있었습니다. 빅타투 레드를 구입해주시는 여러분께 감사 말씀을 전합니다.

내가 어떤 와인을 골랐는지는 굳이 밝히지 않더라도 알 것이다.

치료에도 활용되는 스토리

현대 의학의 힘은 놀랍다. 뇌의 사진을 찍을 수 있는 MRI 같은 기기는 우리 몸속에서 어떤 일이 일어나고 있는지 볼 수 있게 해준다. 의료용 기기는 많은 사람들의 목숨을 구하고 있으며 사람들의 건강에 기여하고 있다. 하지만 기술의 빠른 발전 때문에 결코 덜 중요하다고 볼 수 없는 환자에 대한 '정신적' 배려가 희생돼온 것 또한 사실이다. 스토니브룩 대학병원의 잭 콜르한(Jack Coulehan) 박사는 현대 의학 시스템이 "환자의 스토리를 완전히 배제하고 있다"고 말한다.

"불행하게도 현대 의학은 스토리를 가장 저급한 과학쯤으로 간주하고 있습니다."

여러분도 병원에서 한번쯤은 이 같은 경험을 했으리라고 생각한다. 검진을 받기 위해 의사 앞에 앉으면 십중팔구 다음과 같은 일이 벌어진다.

여러분은 자신의 몸 상태를 알리기 위해 스토리를 펼치기 시작한다. 이때 의사는 여러분의 말을 가로막는다. 과거 어떤 연구자가 의사와 환자의 진찰실 광경을 캠코더로 촬영한 조사 결과가 있다. 환자가 이야기를 시작한 지 평균 21초 만에 의사가 그 말을 중단시켰다. 최근 같은 조사가 이뤄졌는데 거의 마찬가지였다. 아니 사실은 조금 나아졌다.

이제 의사들은 2초나 더 참아서 평균 23초 만에 환자의 말을 가로막고 있었다.

환자의 스토리를 경청하는 대신 객관적인 '팩트'만 갖고 환자에게 접근하는 방식은 변해야 한다. 컬럼비아 의과대학의 리타 샤론(Rita Charon) 박사는 스토리가 치료에 많은 도움이 된다는 사실을 밝혀냈다. 의사가 하는 많은 일들이 결국 스토리 주변을 맴도는 것이라는 사실이다. 환자는 자신의 상태를 이야기로 설명한다. 질병은 그 자체가

"환자를 치료하고 병을 고치는 의사의 능력은 환자의 스토리를 정확히 이해하는 데서 비롯된다. 만약 그렇게 하지 못하는 의사는 한 손은 뒷짐 진 채 남은 한 손으로만 일하는 거나 마찬가지다."

하워드 브로디(Howard Brody) 가정의학 전문의

하나의 이야기로 전개된다. 의과대학 교육 과정이나 학생 및 교수들의 의식 속에서만 존재하지 않을 뿐이다.

샤론 박사는 〈미국의학협회저널〉에 논문을 기고하면서 의학 치료에 스토리를 접목하는 '이야기 치료 운동(narrative medicine movement)'을 주창했다. 의학 기술만으로는 병마와 힘든 싸움을 벌이고 있는 환자들의 마음을 다독일 수 없으며, 그들이 투병 속에서 삶의 의미를 찾을 수 있도록 돕기가 어렵다는 내용이었다.

현재 컬럼비아 의과대학에서는 전공 수업과 함께 '이야기 치료' 세미나가 이뤄지고 있다. 이 세미나에서 학생들은 환자들과 공감대를 형성함으로써 그들의 고충을 좀 더 효과적으로 이해하는 훈련을 받는다. 질문 리스트를 줄줄이 쏟아내는 대신, 이 젊은 미래의 의사들은 좀 더 폭넓은 질문을 하는 능력을 함양한다.

"어디가 아픈지 말해보세요"라는 질문은 "당신의 삶에 대해 이야기해보세요"라는 질문으로 바뀌게 된다. 이러한 질문의 목적은 환자

"스토리를 접하게 되면 이를 잘 다뤄야 한다. 그리고 필요한 곳에 이를 잘 전달해야 한다. 때때로 인간은 생존을 위해 음식보다 스토리를 더 필요로 한다."

베리 로페즈(Barry Lopez) 작가

들과의 공감대 형성에 있다. 사실 이는 의과대학에서 상급학년에 진학할수록 희미해지는 기본 원칙이다.

어쨌든 이 같은 노력의 결과는 하이컨셉·하이터치다. 이야기 수업은 젊은 의사들과 환자들의 유대를 돕고 환자들의 현 상태를 그들의 라이프 스토리라는 맥락을 통해 접근할 수 있도록 해준다. 샤론 박사는 "좋은 의사가 되기 위해서는 인간이 스토리를 수용·해석·반응하는 능력인 이른바 '스토리 능력'이 필요하다"고 강조한다.

이야기 치료는 오랫동안 좌뇌 근육의 요새였던 영역에 우뇌적인 접근법을 결합시키는 좀 더 넓은 트렌드의 하나일 뿐이다. 15년 전에는 인성교육 강좌를 개설한 미국 의과대학이 전체의 33퍼센트에 그쳤다. 요즘에는 이 비율이 75퍼센트를 웃돈다.

유명한 뉴욕 공립병원 벨뷰(Bellevue)에서는 〈벨뷰 문예평론(Bellevue Literary Review)〉이라는 정기간행물을 발행하고 있다(컬럼비아 의과대학, 펜실베이니아주립대학교, 뉴멕시코대학교에서도 이런 정기간행물을 발행한다). 의과대학생들을 가르치고 있는 편집장 다니엘 오프리(Danielle Ofri) 박사는 젊은 학생들에게 환자들의 스토리를 환자들의 관점에서 적어도 한 번씩은 쓰도록 요구하고 있다.

"소설가들이 글을 쓰는 것과 별반 다르지 않습니다. 나는 학생들이 근본적으로 환자들과 공감대를 형성하고, 그들과 감성적 연대를 할 수 있는 좀 더 나은 기술을 가르칠 수 있다고 믿습니다."

물론 스토리가 의학 기술을 대체할 수는 없다. 환자들과 공감대를 형성해 그들의 이야기를 잘 듣는다 하더라도, 혈압 체크하는 일을 잊는다거나 약품을 잘못 처방한다면 의사라고 할 수 없다. 하지만 샤론 박사의 접근법은 의사들이 환자를 돌보면서 이들과 공감하는 데 큰 도움이 될 수 있다. 예컨대 샤론 박사의 학생들은 환자별로 2개의 차트를 기록한다. 한 차트에는 계량적인 정보들과 전형적인 병원 차트에서 볼 수 있는 전문용어들이 기록된다. 그러나 다른 차트(박사는 이를 '병렬 차트'라고 부른다)에는 환자들의 이야기와 이에 대한 학생 자신들의 감정과 느낌을 기록한다. 이 방법의 효과를 시험하기 위한 첫 번째 연구에 따르면, 병렬 차트를 기록한 학생들은 그렇지 않은 학생들보다 환자들과 좀 더 나은 관계를 맺고 있었다. 아울러 좀 더 효과적인 인터뷰 기술을 갖고 있는 것으로 나타났다.

스토리만으로는 환자를 치료할 수 없다. 그런데 의학 기술과 결합되면 스토리는 매우 큰 치료 효과가 있다. 이것이 의학의 미래 모습일지도 모른다. 차가운 머리와 따뜻한 가슴을 가진 의사, 검사 결과를 분석하고 스토리를 이해하는 의사, 즉 좌뇌와 우뇌를 모두 활용하는 새로운 인재 말이다.

우리의 스토리는 곧 우리 자신이다. 우리는 오랜 시간 동안의 경험·사고·감정을 몇몇 압축적인 스토리로 집약해 다른 사람에게 전하고 우리 스스로에게 말한다. 언제나 그래왔다. 스토리는 풍요의 시대에 더욱 기세를 떨칠 뿐 아니라, 더욱 중요한 의미를 가지게 됐다. 풍요의 시대에는 많은 사람들이 자유롭게 자기 자신을 이해하고 삶의 목적을 찾기 때문이다.

스토리는 집을 팔거나 의사들이 환자에게 연민을 느끼는 수단을 넘어서, 좌뇌만으로는 통과하기 어려운 이해를 향한 관문이다. 스토리를 통해 자기이해를 열망하는 모습은 곳곳에서 발견된다. 놀랍도록 인기를 얻고 있는 '스크랩북킹(scrapbooking, 자신의 생활 속 물건들을 모아 이야기로 만들어 다른 사람들과 스스로에게 자기가 어떤 사람인지 이야기하는 것)' 운동이나, 수백만 개의 웹사이트를 검색해 자료를 모아 자신의 혈통을 찾아내는 유행 등이 그렇다.

이러한 노력들은 스토리가 제공하는 것(우리에게 맞는 것이 무엇이고, 왜 그것이 중요한지에 대한 좀 더 깊은 이해, 풍부한 감성 등)에 목말라 있음을 보여준다. 하이컨셉·하이터치 시대는 항상 진실이었지만 그에 따라 행동하지 못했던 그 뭔가를 우리에게 일깨워준다. 그러므로 우리는 다른 사람들의 스토리를 경청하는 한편, 저마다 자신의 삶에 대한 '작가'가 되어야 한다.

조화
경계를 넘나드는 창의성의 원천

Daniel Pink
16 June 03

왼쪽 그림은 내가 그린 자화상이다. 사실 내 얼굴이 이렇게 생기지는 않았다. 어쨌든 이런 못난이 그림을 소개하게 되어 죄송하다(콧구멍이 왜 이렇게 생겼냐고 묻지는 마시라).

이렇게 나는 그림을 잘 그릴 줄 모른다. 그래서 한번 배워보기로 결심했다. 그런데 일반적인 미술 강좌에 등록하는 대신 이 책의 요지와 일맥상통하는 접근 방법을 택했다. 베티 에드워즈(Betty Edwards)가 주장한 '우뇌를 이용한 그림'을 배우기로 한 것이다.

내 자화상을 다이어트 약품 광고에 비유해 설명하자면 이는 '복용전(前)' 그림에 해당한다. 이 그림은 그러니까 강좌에 참석한 첫날, 교육이 시작되기 전에 그린 것이기 때문이다. 조금 뒤에서 보겠지만 5일이 지난 후 내 미술작품은 완전히 달라졌다(아, 뿌듯하다). 그리고 그 과정에서 나는 두 번째 하이컨셉 재능에 대해 많은 것을 깨달을 수 있었다.

내가 '조화'라고 부르는 재능은 작은 조각들을 결합하는 능력이다. 분석보다는 종합하는 능력이고, 이종(異種) 간의 관계를 발견하는 능력이다. 특정한 해답을 전하기보다는 폭넓은 패턴을 감지하는 능력이고, 누구도 결합할 생각을 하지 못했던 요소들을 한곳에 결합해 뭔가 새로운 것을 창조해내는 능력이다. 또한 조화는 정확히 우뇌적 재능이라고 할 수 있다.

MRI를 이용한 신경과학 연구에 따르면, 우뇌는 일괄적이고 맥락적인 방식 또는 조화를 이루는 방식으로 작동한다. 우뇌는 특정한 나무 한 그루를 보기보다는 숲 전체를 보고, 바순 연주자나 제1바이올린 연주자에 주목하기보다는 오케스트라 전체에 주목한다.

조화를 이루는 사고는 작곡가와 지휘자가 갖고 있는 특정한 능력이다. 이들은 여러 그룹의 악보·악기·연주자를 배합해 전체적으로 어울리는 하모니를 만들어내는 사람들이다. 기업가와 발명가는 오랫동안 이러한 능력을 발휘해왔지만 오늘날처럼 다양한 사람들이 살고 있는 시대에는 특히 중요한 재능으로 떠오르고 있다. 우리를 후기 정보화 시대로 이동시키고 있는 3가지 요인으로 돌아가보자.

자동화는 지식근로자들이 한때 수행했던 일상적인 분석업무의 상당 부분을 빼앗아갔다. 또한 이러한 업무의 상당 부분은 좀 더 적은 임금으로 동등하게 일을 수행할 수 있는 아시아로 넘어갔다. 이는 전문가들로 하여금 컴퓨터와 저임금 외국 기술자들이 대체하기 힘든 업무로 옮겨갈 수 있도록(또는 옮겨가지 않을 수 없게) 만들었다. 패턴을 인식하고, 숨겨진 연관성을 밝혀내기 위해 분야 간 경계를 뛰어넘으며, 과감한 상상의 나래를 펼치는 일이 여기에 해당한다.

한편 정보 및 데이터가 넘쳐나고 개인의 선택권이 넓어진 오늘날의 세계에서는 그저 간단명료한 것이 우리의 개인생활에서도 선호되고 있다. 선택과 자극이 과잉된 현대에는 큰 그림을 볼 수 있는(무엇이 진정 중요한지 식별하는) 능력이 충만한 개인의 삶을 추구하는 데 큰 도움을 준다.

조화를 이루는 능력을 이해·계발하기 위한 가장 좋은 방법 중 하나가 바로 그림 그리기다. 미술 강좌가 시작되던 첫날 아침, 강사 브라이언 보마이슬러(Brian Bomeisler)는 우리가 스케치북을 펴고 연필을 꺼내들기에 앞서 그림 그리는 재능을 한 문장으로 강조했다. 그리고 그후 우리는 이 문장을 5일 내내 반복해서 들어야 했다.

"그림을 그리기 위해서는 '관계'를 살펴야 합니다."

보마이슬러는 나와 6명의 다른 학생들(카나리 군도에서 온 변호사에서부터 뉴질랜드에서 온 약사에 이르기까지 다양했다)에게 베티 에드워즈의 《우뇌로 그림 그리기》에 나오는 기술을 가르쳤다. 그는 뉴욕에서 인정받는 뛰어난 화가였다. 그의 작품은 세련된 도시풍의 젊은 감각을 갖고 있었다.

우리가 닷새 동안 교육을 받았던 건물 6층 교실 벽면은 그의 작품 (그리고 작업 중인 작품)으로 장식되어 있었다. 그는 이 강좌를 20년 동안 지속해오고 있었다. 또한 그는 베티 에드워즈의 아들이기도 했다. 어머니와 마찬가지로(그는 어머니와 함께 이 5일짜리 워크숍을 개발했다) 그는 그림을 그리는 것은 사물을 얼마나 정확히 보느냐에 달려 있다고 믿는다.

"사물에 붙은 이름 때문에 문제가 발생합니다."

그리고 이를 증명하고, 다른 한편으론 수강생들의 기본 실력을 파악해보기 위해 1시간 동안 자화상을 그리도록 했다. 우리는 작은 거울과 커다란 스케치북을 꺼내 그림을 그리기 시작했다. 나는 다른 사람보다 먼저 그림 그리기를 마쳤다. 보마이슬러는 다이어트 프로그램의 코치가 180킬로그램짜리 뚱뚱보 치즈버거광을 쳐다보듯이 나

내 자화상의 입술 모양의 상징이었던 94번 도로의 입간판

의 그림에 주목했다. 그랬다. 내가 갈 길은 멀어 보였을 것이다. 내 실력은 더 이상 나빠질 수 없는 수준이었으니까.

보마이슬러가 내 그림을 보고 느낀 문제점은 내가 보이는 대로 그리지 않는다는 것이었다. 그는 내가 내 유년시절에 새겨진 어떤 상징을 그리고 있다고 말했다. 이 말을 이해하고 싶다면 참기 어렵겠지만 앞서 소개한 내 자화상 그림을 다시 한번 살펴보기 바란다.

내 입술은 실제로 그림처럼 생기지 않았다. 사실 어떤 사람의 입술도 그렇게 생기지는 않았다. 나는 입술의 '상징'을 그린 것이다. 다시 말해 어린 시절에 봐왔던 것을 그린 것이다. 이 입술은 어릴 적 내가 할아버지 댁을 방문할 때마다 94번 국도에서 봤던 커다란 광고 입간

네거티브 스페이스를 강조한 페덱스 로고

판 속 모델과 비슷하다. 어떤 의미로 나는 실제 내 입술을 보고, 입술이 얼굴 전체와 어떤 연관성을 갖고 있는지 인식하는 대신, 입술을 뜻하는 현대의 상징문자를 사용한 것에 불과했다.

이튿날 보마이슬러는 우리에게 피카소의 스케치를 보여주면서 이를 베껴서 그려보라고 말했다. 하지만 우리가 막 그림을 그리려고 하자 그는 피카소의 그림을 거꾸로 세워놓고는 "그리고 있는 그림에 대해 스스로 아무것도 모르게 하라"고 주문했다. 이는 우리의 좌뇌가 활동하지 못하도록 붙잡아둠으로써 우리의 우뇌가 활동할 수 있는 기회를 마련하고자 하는 취지였다. 좌뇌가 알아차리지 못하는 상태에서 우뇌가 작용할 때 우리의 사고는 좀 더 자유로워진다. 이로써 사물 간의 관계를 좀 더 효과적으로 인식할 수 있으며, 나아가 이러한 관계를 전체적으로 통합할 수 있다. 여러 가지 측면에서 이는 그림을 잘 그리는 법을 배우는 핵심이자 조화의 능력을 키울 수 있는 요체다.

내 자화상이 이상하게 보이는 이유 중 하나는 관계가 왜곡되어 있기 때문이다. 이 강좌에서 나를 포함한 7명의 학생들은 양 눈의 중심선에서부터 턱 끝까지의 길이와 양 눈의 중심선에서부터 머리 끝까지의 길이가 같다는 사실을 배웠다(아니, 이를 발견하게 됐다는 점이 더 중요하리라). 나는 내 눈의 높이를 실제보다 훨씬 높게 그렸다. 그리고 관계에 대한 이 같은 서투름 때문에 나는 전체 그림을 왜곡했던 것이다.

보마이슬러는 우리가 그림을 그리는 동안 교실을 돌아다니며 학생들을 성심껏 격려했다. "나는 여러분의 좌뇌를 조용히 시키는 역할을 하고 있습니다"라고 나지막이 속삭였던 것이다.

하루는 우리에게 이미지 사이, 그리고 이미지 둘레의 '네거티브 스페이스(negative space, 허공간)'에 관해 가르쳐줬다. 그는 우리에게 위와 같은 페덱스(FedEx) 로고를 보여줬다.

글자 'Ex'에서 'E'와 'x' 사이에 있는 하얀색 공간을 주목해보라. 화살표가 보이는가? 이것이 바로 '네거티브 스페이스'다. 우리는 나중에 동료 학생의 초상화를 그릴 때 음영을 이용해 상대 머리의 윤곽을 형성하지 않는 부분을 지우고 네거티브 스페이스를 살렸다.

이튿날부터 4일 동안 우리는 스페이스와 네거티브 스페이스, 빛과 그림자, 각도와 비율 등 예전에는 미처 깨닫지 못했던 방법들을 통해 이러한 몇몇 관계들을 보는 방법을 배웠다. 우리는 탁자 위에 놓인 의자와 손의 주름을 그렸으며, 보마이슬러의 스튜디오 한구석에 드리워진 그림자를 그렸다.

이러한 작업이 지속되는 동안에도 보마이슬러는 "그림을 그리기 위해서는 관계를 살펴야 한다"는 주문을 되풀이했다. 이처럼 관계는 서로 결합되어 전체를 형성한다. 관계에 관한 모든 훈련을 마친 우리는 마침내 마지막 날 자화상을 그리는 두 번째 시도를 감행했다. 우리는 새로 이해한 내용을 큰 그림에 통합시키는 작업을 해야 했다.

그리고 미술강좌 마지막 날, 우리는 최후의 결실을 거두는 시간을 맞이했다. 점심식사 후 우리는 각자 자신의 조그만 손거울을 벽에 붙였다. 그러고는 20센티미터쯤 떨어진 의자에 앉아 자화상을 다시 그렸다. 보마이슬러는 우리가 거울을 쳐다볼 때 빠질 수 있는 함정을 경고했다.

"우리는 세상과 대면하기에 앞서 우리 자신을 준비하는 방안으로 거울을 사용해 왔습니다. 거울에 대해 여러분이 품고 있는 어떠한 생각도 비워버리고 형태와 빛 그리고 관계에 집중하십시오."

그는 계속 말을 이어갔다.

"특정한 날, 특정한 장소에서 여러분의 얼굴이 어떻게 보이는지 살펴볼 필요가 있습니다."

점심시간에 나는 안경을 벗고 콘택트렌즈를 착용했다. 안경테가 만드는 그림자 때문이었다. 처음에 초상화를 그렸을 때는 실력이 워

낙 형편없었기에 두 번째 그릴 때는 취할 수 있는 모든 방법을 동원하고 싶었다.

먼저 눈에서부터 시작했다. 눈이 어떤 모양인지, 색깔이 있는 눈동자 부위는 어디에서 끝나며 흰자위는 어디에서 시작되는지 관찰했으며, 두 눈 사이의 거리를 정확히 측정했다. 입을 그릴 차례가 되자 나는 흡족한 마음이 들 때까지 아홉 차례나 그렸다 지웠다를 반복했다. 머리를 그릴 때는 머리 주위의 네거티브 공간만 제거하고는 쉽게 그렸다. 놀랍게도 스케치북에는 특정한 날, 특정한 장소에 있는 내 모습과 닮은 그림이 점점 그 모습을 드러내고 있었다. 그리고 마침내 다음과 같은 그림을 완성했다.

보마이슬러는 그림을 확인하고는 내 어깨를 두드리며 "훌륭합니다"라고 속삭였다. 진심으로 말하는 듯 보였다(혹시 착각이었나). 여하튼 각 요소의 관계를 관찰하고, 그와 같은 관계를 통합해 큰 그림을 만들어내는 능력에 대해 좋은 교훈과 깨달음을 얻게 됐다.

관계를 살피는 능력

그림 그리기와 마찬가지로 조화를 이루기 위해서는 관계를 이해해야
한다. 하이컨셉·하이터치 시대에 성공을 꿈꾸는 사람이라면 다양하
고 독립된 분야 사이의 관계를 이해해야 한다. 뭔가 새로운 것을 만들
어내기 위해서는 연관성 없어 보이는 요소들을 연결하는 방법을 알
아야 한다. 그리고 하나의 대상을 다른 입장에서 조명·유추하는 방
법을 배워야 한다. 다음 세 부류의 사람들에게는 폭넓은 선택의 기회
가 주어진다. 경계를 넘나드는 사람, 발명가 그리고 은유를 만들어내
는 사람이 그들이다.

1. 경계를 넘나드는 사람들

우리 시대에 가장 흔히 사용되고, 어쩌면 가장 중요하다고 볼 수 있는
접두어는 무엇일까? 아마도 '멀티(multi)'일 것이다. 오늘날 직장에서
는 멀티태스킹(multitasking, 다중 업무수행 능력)을 요구하고 있으며, 우
리 사회는 멀티컬처(multiculture, 다중 문화)다.

　우리가 즐기는 엔터테인먼트 또한 멀티미디어(multimedia)다. 과거
에는 한 분야의 지식만 갖고 있어도 성공이 보장됐지만, 오늘날에는
전혀 다른 분야에서도 능력을 발휘하는 사람에게 가장 큰 보상이 돌
아간다. 나는 그런 사람들을 일컬어 '경계를 넘나드는 사람(boundary

crosser)' 이라고 부른다. 그들은 다양한 분야의 전문성을 개발하고, 다양한 언어를 구사하며, 다양한 인생 경험을 즐긴다. 그들이 '멀티리브(multilive, 다양한 삶)'를 사는 까닭은 즐겁기 때문이다.

앤디 터크(Andy Tuck)와 같은 인물이 경계를 넘나드는 사람들이다. 그는 철학 교수이자 피아니스트로서 쌓은 기술과 경험을 살려 비즈니스 컨설팅 회사를 운영하고 있다. 보스턴에서 살고 있는 목회자 겸 소아과 의사 글로리아 화이트-해먼드(Gloria White-Hammond), 오페라 작곡가이자 첨단 음악장비 개발자인 토드 마초버(Todd Machover), 복잡한 의류 디자인에 수학을 접목시킨 제인 반스(Jhane Barnes) 등이 그런 사람들이다.

시카고대학교 심리학 교수이자 명저(名著)《몰입(Flow)》의 저자이기도 한 미하이 칙센트미하이(Mihalyi Csikszentmihalyi) 박사는 창조적인 사람들의 삶을 연구한 뒤 다음과 같은 사실을 발견했다.

"창의성은 일반적으로 여러 분야의 경계를 넘나드는 것과 관련이 있다."

"내가 하는 일은 패턴의 인식이다. 나는 다른 어떤 사람보다 먼저 패턴을 인식하고자 노력한다."

케이시 폴라드(Casey Pollad) 소설 《패턴의 인식》의 주인공

창의적인 사람들은 다른 사람들이 미처 깨닫지 못하는 관계에 주목한다. 이 같은 능력은 전문화된 지식이 빠르게 일상적인 업무로 변화하고, 자동화 또는 아웃소싱할 수 있는 현 시대에 더욱 가치를 갖는다. 디자이너 클레멘트 모크(Clement Mok)는 이렇게 말한다.

"향후 10년 동안 사람들은 자신의 전문 분야와는 완전히 다른 새로운 영역으로 경계를 넘어 생각하고 일하도록 요구받을 것입니다. 우리는 이러한 경계를 넘어야 할 뿐 아니라, 기회를 규명하고 서로 다른 분야 사이에 관계를 맺을 수 있어야 합니다. 또한 다중 렌즈를 통해 문제를 바라봐야 할 뿐 아니라, 다중 모드에서 일하고 훈련할 수 있는 능력도 갖춰야 합니다."

예를 들면 컴퓨터 관련 업무가 인도로 넘어감에 따라 코딩 작업을 하는 동쪽 직원들과 그들을 고용하는 서쪽 고객 사이의 관계를 관리하는 새로운 직업 수요가 생겨날 것이다. 이처럼 양쪽 뇌를 사용하는 새로운 사고(whole-minded)를 가진 전문가들은 2개의 문화에 익숙하고, 컴퓨터에 관련된 본질적인 기술뿐 아니라 판매·마케팅 같은 부가 기술에까지 능통하며, 외교적 수완을 발휘해 서로 다르거나 상반되는 집단 사이를 왕래할 수 있는 능력도 겸비하고 있다. 이처럼 다중 능력을 갖춘 사람들은 전문가들도 풀기 어려운 문제를 종종 해결한다.

"기술적인 난관에 부딪혔을 때 엔지니어와는 거리가 먼 사람이 이를 해결하는 경우가 종종 있습니다."

MIT의 니콜라스 네그로폰테(Nicholas Negroponte) 교수의 말이다

"사물을 보는 시각이 IQ보다 더욱 중요하기 때문이죠. 사고를 도약시킬 수 있는 능력은 혁신적인 아이디어를 내는 사람들의 공통된 특징입니다. 이런 능력은 매우 다양한 배경, 여러 전문 분야를 아우르는 생각 그리고 폭넓은 경험의 스펙트럼을 가진 사람들에게서 발견됩니다."

경계를 넘나드는 사람들은 '이것 아니면 저것' 식의 선택을 거부한다. 그 대신 다중적인 선택과 혼합된 해결책을 추구한다. 이들은 두 종류의 직업을 갖고, 두 종류의 생활을 하며, 두 종류의 정체성을 통해 활기찬 삶을 영위한다. 케냐 나이로비(Nairobi) 출생 흑인과 유대계 혼혈 미국인으로서 기업가 · 정책연구자 · TV 애널리스트로 활동 중인 오마르 와소(Omar Wasow)가 좋은 예다. 이런 사람들을 통해 복수전공을 하는 대학생들이 상위권을 차지하는 이유와 여러 학문 분야가 점점 더 많이 제휴하고 있는 까닭을 알 수 있다.

칙센트미하이 또한 경계를 넘나드는 재능을 가진 사람들의 특성을 밝혀냈다. 그러한 재능을 가진 사람들은 전형적인 성별 역할에서 벗어나는 경우가 많다.

"남성다움 또는 여성다움에 관한 실험 결과 창의적이고 재능을 가진 소녀들이 다른 소녀들보다 두드러지고 터프한 면을 보였으며, 창

의적인 소년들은 다른 소년들보다 섬세하고 덜 공격적인 것으로 나타났습니다."

칙센트미하이에 따르면 이는 독특한 장점을 의미한다.

"정신적으로 남녀 양성적인 면을 갖고 있는 사람은 2배로 풍부한 반응의 종류를 갖고 있으며, 좀 더 다양한 종류의 기회에 영향을 미칠 수 있습니다."

2. 발명가들

1970년대 허시푸드(Hershey Food)는 우스꽝스러운 TV 광고 시리즈를 선보인 적이 있었다. 그런데 이 광고에는 뜻하지 않았지만 우뇌형 사고에 대한 중요한 교훈이 담겨 있다. 광고의 내용은 이렇다.

몽롱한 표정의 사내가 초콜릿을 우적우적 씹으며 길을 걷고 있다. 반대편에서는 잠이 덜 깬 표정의 다른 사내가 땅콩버터를 우물거리면서 어슬렁어슬렁 걸어온다. 이 둘은 결국 부딪히고 만다.

"어이 이보쇼, 당신 땅콩버터가 내 초콜릿에 묻었잖아!"

"누가 할 소리, 당신 초콜릿이 내 땅콩버터에 묻었는데!"

그리고 두 사내는 초콜릿과 땅콩버터가 묻어 있는 부분에 입술을 갖다댄다. 순간 놀라운 발견을 한 듯 눈동자가 휘둥그레진다. 그때 "리즈 땅콩버터 컵!"이라는 성우의 목소리가 흘러나온다.

"2가지 훌륭한 맛이 합쳐져 더욱 훌륭한 맛을 창조했습니다!"

우뇌형 사고를 하는 사람들은 이 같은 초콜릿-땅콩버터 접촉사고의 논리를 이해한다. 그들이 가진 이러한 선천적인 감각을 나는 이른바 '리즈 땅콩버터 컵 혁신이론'이라고 부른다.

　　때때로 가장 강력한 아이디어는 다른 사람들이 결합할 생각을 하지 못했던 2가지 기존 아이디어를 단순히 결합하는 데서 나오기도 한다. 크로스컨트리 스키광이었던 존 파벨(John Fabel)은 늘 메고 다니는 배낭의 가죽끈 때문에 어깨에 자주 멍이 들곤 했다. 그런데 뉴욕 여행길에서 브룩클린 다리를 건널 때 문득 이 문제에 대한 해답을 발견하게 된다. 그는 현수교의 구조를 기존 배낭에 접목하기로 한다. 그렇게 해서 '에코트렉(Ecotrek)'이라는 이름의 편하게 메고 다닐 수 있는 배낭이 탄생한다.

　　이처럼 남이 생각하지 못한 관계를 맺음으로써 새로운 것을 발명해내는 능력은 우뇌의 기능이다. 드렉셀&노스웨스턴대학교(Drexel and Northwestern University)의 정신신경학자들은 '아하!' 또는 '유레카(알았다!)'라고 외치는 순간에 우뇌에 자리한 신경의 활동이 폭발적

> "성공의 열쇠는 관습적인 사고를 따르지 않는 시도를 감행하는 데 있다. 관습은 발전의 적이다."
> 트레버 베일리스(Trevor Baylis) 발명가

으로 늘어나는 사실을 발견했다. 우뇌에 귀를 기울이는 능력과 여러 조각을 연결하는 능력은 하이컨셉·하이터치 시대에 더욱 절실히 요구된다.

혁신적인 사고는 분명 중요하다. 그러나 혁신적인 발상에서부터 상품 개발까지의 과정이 이제는 너무나 순식간에 이뤄지기 때문에, 성공을 꿈꾸는 개인과 기업들은 좀 더 냉철하게 대처해야 한다. 일상적인 업무는 아웃소싱하고 자동화하는 한편 발명에 집중해야 한다. 이를 위해서는 새로운 결합을 실험해보는 능력과, 이러한 시도에 반드시 수반되기 마련인 수많은 실패와 시련에 굴하지 않는 꿋꿋함이 필요하다. 다행스럽게도 우리 모두는 발명하는 능력을 갖추고 있다.

건전지나 전기가 없는 곳에서도 사용할 수 있는 태엽식 라디오를 발명한 트레버 베일리스의 말에 귀 기울여보자. 참고로 그는 스턴트맨 출신 발명가다.

"발명은 이해할 수 없는 마술 같은 것이 아닙니다. 어느 누구나 시도할 수 있지요."

발명과 발견은 대부분 기존의 아이디어를 새로운 방법으로 재조합하는 데서 나온다. 그리고 이러한 시도를 해보려는 의지는 조화의 능력을 개발하는 도중에 나온다. 이런 활동과 거리가 먼 사람들이 차츰 살아남기 어려운 쪽으로 세상은 변화하고 있다.

3. 은유를 만들어내는 사람들

어느 날 여러분의 직장상사가 "귀 좀 빌려줘"라고 말했다고 치자. 이 네 단어로 이뤄진 문장 그대로의 뜻은 섬뜩하다. 귀를 빌려달라니!

좌뇌는 저장된 언어자료 등을 애절하게 뒤져볼 것이다. 그러면 우뇌가 짝꿍인 좌뇌를 안정시키며 이 문장의 맥락을 헤아린 뒤 이 말이 "말할 게 있다"라는 뜻의 은유적 표현임을 설명한다. 직장상사가 정말로 여러분을 한쪽 귀가 없는 반 고흐로 만들려는 건 아니기 때문이다. 그는 단지 자신이 말하려는 바를 여러분이 들었으면 하는 것이다.

은유는 조화를 이루기 위한 또 하나의 중요한 요소다. 하지만 우뇌적 사고가 많은 면에서 잘못 인식되고 있듯이, 은유 또한 잘못 알려진 점이 많다. 언어학자 조지 라코프(George Lakoff)는 "서구적 전통은 이성의 영역에서 은유를 배제했다"라고 말했다. 은유는 흔히 시를 비롯한 문학작품에서 평범하거나 유쾌하지 못한 단어를 돌려서 화려하게 치장할 때 사용하는 수사법쯤으로 간주되는 경우가 많다. 하지만 사

"은유는 모든 예술의 근원이다."

트윌라 타프(Twyla Tharp) 무용가

실 은유는 이성(理性)의 중심에 있다. 왜냐하면 라코프의 말대로 "인간의 사고 프로세스는 대부분 은유적"이기 때문이다.

풍요에 의해 생겨난 물질적 안락함은 여러분이 삶을 '즐거운 여행'에 비유하고 있든 '고해(苦海)'에 비유하고 있든 간에, 궁극적으로 우리 생활에서 은유보다 덜 중요하다. "자기이해의 많은 부분은 적절한 개인적 은유에 대한 탐색"이라는 라코프의 말처럼, 우리가 은유를 잘 이해할수록 우리 자신에 대해 더 많이 이해하게 될 것이다.

큰 그림을 보는 능력

교향곡에서 작곡자와 지휘자에게는 여러 책임이 있다. 그들은 금관악기가 목관악기와 조화를 이룰 수 있도록 해야 하고, 타악기가 비올라의 소리를 묻히게 만들어서도 안 된다. 그러나 이러한 관계(물론 중요하기는 하지만)를 훌륭하게 만드는 것이 그들의 궁극적인 목적은 아니다. 작곡자와 지휘자들은 이러한 관계를 잘 엮어 부분의 합을 뛰어넘는 하나의 '전체'를 만들어야 한다.

따라서 교향곡에는 하이컨셉 요소가 있어야 한다. 하이컨셉을 익히려는 사람은 개별적인 관계만 이해해서는 안 된다. 관계 사이의 관계 또한 이해하고 만들어나가야 한다. 이러한 초월적인 능력은 시스템적 사고, 게슈탈트적 사고, 전체론적 사고 등 다양한 이름으로 불린다. 나는 이를 단순히 '큰 그림 보기'라고 부르려 한다. 큰 그림 보기는 비즈니스에서 빠르게 '킬러 애플리케이션(killer application)'이 돼가고 있다.

과거 지식근로자들은 단편적인 과업을 수행하면서, 커다란 정원에서 자신에게 주어진 좁은 땅을 가꾸고 관리했다. 하지만 앞서 말한 대로 이러한 업무는 해외로 이전되거나 강력한 소프트웨어에 의해 줄어들었다. 그 결과 빠른 컴퓨터와 저임금 해외 인력들이 해내기 어려운 일, 다시 말해 조각들을 통합해 한데 붙이는 방법을 생각해내는 능력이 더욱 가치를 지니게 됐다. 이러한 경향은 기업가들을 비롯해 성공한 비즈니스맨들에게서 점점 더 뚜렷하게 나타나고 있다.

최근에 이뤄진 주목할 만한 조사에 따르면, 자수성가한 백만장자들은 일반인들보다 4배나 많은 '난독증'을 갖고 있다. 왜 그럴까? 난독증을 겪는 사람은 기본적으로 좌뇌형 사고와 선형 · 순차형 추론에 어려움을 느낀다. 하지만 시각장애인에게 청각이 발달해 있듯이, 난독증이 있는 사람들에게는 다른 영역의 능력이 더 발달해 있다. 예일대학교의 신경과학자이자 난독증 전문가인 샐리 셰이위츠(Sally Shaywitz)는 이렇게 말한다.

"난독증을 겪고 있는 사람들은 다르게 생각합니다. 그들은 직관력과 문제 해결 능력이 뛰어나요. 큰 그림을 볼 줄 알며 단순화하는 능력도 탁월하지요. 암기하고 암송하는 데는 취약하지만 상상력이 풍부합니다."

중개수수료의 파격적 할인 시스템을 만든 찰스 슈왑(Charles Schwab)과, 음반 및 항공 산업을 뒤흔든 리처드 브랜슨(Richard Branson)도 난독증이 있다고 고백한 바 있다. 하지만 그들은 큰 그림을 보는 능력이 발달했고, 세부적 내용을 분석하는 데 어려움을 겪기 때문에 패턴을 더 잘 인식한다. 다양한 유형의 기업가들을 분석한 마이클 거버(Michael Gerber) 또한 비슷한 결론에 도달했다.

"훌륭한 기업가들은 모두 시스템적 사고를 합니다. 기업가로 성공하고 싶다면, 큰 그림을 보는 능력을 갖고 싶다면 시스템적 사고 방법을 배우고 연습해야 합니다."

학문적인 연구와 직접적인 관찰을 막론하고 '패턴의 인식(관계 사이의 관계를 이해하는 것)'은 자신의 기업을 구축하려는 의지가 없는 사람에게도 중요하다. 다니엘 골먼은 15개 대기업 임원들에 관한 연구에서 다음과 같이 언급했다.

"돋보이는 실적을 올리는 사람들과 평범한 사람들을 구별하는 단 한 가지 능력은 패턴의 인식, 즉 '큰 그림'을 그릴 줄 아느냐는 것입니다. 이러한 사고는 정보의 홍수 속에서 의미 있는 트렌드를 추출해 내고 미래에 대한 전략적인 사고를 하도록 해주지요."

그는 발군의 실적을 보이는 사람들은 연역적 추론에 덜 의지하는 한편, 조화를 이루는 직관적·전체론적 사고의 특징을 보이고 있음을 발견했다. 이러한 영역의 이동은 이미 일부 전형적인 좌뇌형 지식 근로자들로 하여금 자신이 어떤 사람이고, 자신이 어떤 일을 하고 있는지 뒤돌아보게 만들었다.

예를 들면 시애틀에서 변호사로 활동하고 있는 스테파니 퀘인 (Stefani Quane)은 스스로를 '총체적 변호사'라고 부른다. 그녀는 고객의 의지, 신뢰, 가족사 등을 따로 떨어뜨려 보는 것이 아니라 하나의 맥락에 맞춰 바라보고, 그의 법률적 사안이 고객의 삶 전체와 맺고 있는 연관성을 면밀히 검토한다.

이 같은 소질을 갖춘 직원들을 찾고 있는 경영자들이 점점 늘고 있다. 시드니 하먼(Sidney Harman)도 그중 한 사람이다. 그는 MBA 출신을 고용해야 할 필요성을 전혀 느끼지 못한다고 말한다.

"시인을 관리자로 데려오라고 말하지요. 시인은 시스템적 사고를 하는 사람입니다. 그들은 우리가 살고 있는 세상에 해석이 필요한 영역을 볼 줄 알고, 세상이 어떻게 변화하고 있는지를 우리가 이해할 수 있는 방법으로 표현합니다. 시인은 진정한 디지털 사고를 할 줄 아는 사람이에요. 나는 내일의 새로운 비즈니스 리더들이 이들 중에서 탄생할 것으로 믿고 있습니다."

큰 그림을 볼 줄 아는 능력이 필요한 분야가 비즈니스만은 아니다. 건강과 웰빙을 위해서도 중요하다. 이른바 '통합의학(integrative medicine)' 에 대한 수요가 늘어나는 상황에 주목해보자. 이는 전통적인 의학에 대체의학, 또는 보조치료를 결합하는 것이며 그 사촌 격이라고 할 수 있는 '전인의학(holistic medicine)'은 특정 질병에 대응하는 대신 환자를 총체적으로 치료하는 데 초점을 맞추고 있다.

과학에 기반을 두고는 있으나 좌뇌적 접근법에만 의존하는 과학에 전적으로 의지하지는 않는 이러한 움직임은 미국 국립보건원 하부조직의 입장 변화를 포함해 주된 흐름으로 정착했다. 그들은 지나친 단순화와 기존 의학의 기계론적 접근을 넘어서, 의사협회에서 주장하는 바와 같이 "육체적·환경적·정신적·감정적·심정적·사회적 건강을 포함한 웰빙의 모든 측면을 고려"한다. 그리하여 "우리 자신과 우리가 살고 있는 지구를 치료하는 데 기여"하고 있다.

큰 그림을 볼 수 있는 능력은 뚜렷한 번영과 풍요 때문에 빚어진 우리 시대의 다양한 물질적 재난에 대한 해독제로서 가장 중요한 재능일지도 모른다. 많은 사람들이 시간에 쫓기고 이메일과 정보의 홍수가 가져다준 너무나 많은 선택권 앞에서 당황스러워하고 있다. 이러한 현대의 만성적 질병에 대한 최선의 처방은 자신의 삶에 대한 맥락적 접근, 큰 그림을 통해 진정 중요한 것과 그저 성가신 것을 구별해보는 것이다. 인간에 대한 모든 가능한 측면을 아우르는 방식을 통해 자신의 삶을 감지할 수 있는 이러한 능력은 의미를 찾는 데 꼭 필요한 요소다.

공감
디자인의 필수 요소

힘든 하루였다. 잠자리에서 일어나자마자 쉼 없이 일을 해야 했다. 몇몇 청탁받은 원고의 마감을 맞추느라 애를 먹었고, 예기치 못한 새로운 일이 생겨 진땀을 흘렸다. 감기 걸린 일곱 살배기 녀석의 코를 닦아줬고, 다섯 살배기 이를 뽑아줬으며, 도자기를 깨뜨리면 어떻게 되는지 깨우치려는 18개월 막내의 뒤처리를 하느라 정신이 쏙 빠졌다.

　오후에는 8킬로미터를 운전해 가서 서둘러 저녁을 먹고는 사무실로 돌아와 더 이상 일에 집중할 수 없을 때까지 몇 시간을 더 일했다.

10시쯤 이르러서는 피로에 찌든 채 침대로 나가떨어졌다. 그러나 잠을 이룰 수 없었다. 책을 읽자 다시 피곤해졌으나 잠은 오지 않았다.

새벽 1시경 아래층으로 내려가 와인을 마시며 전날 신문을 읽었다. 그러고는 와인 한 잔을 더 마시고 다른 신문을 하나 더 읽었다. 새벽 2시 15분에 위층으로 올라가 다시 잠을 청했다. 결국 나는 새벽 3시가 넘어서야 겨우 잠이 들었다. 내가 마지막으로 침대 옆에 놓인 라디오 겸용 시계를 봤을 때 시계는 새벽 3시 6분을 막 지나고 있었다.

3시간쯤 흐르니 18개월 막내가 유아용 침대를 잡고 일어서서는 우유를 달라고 떼를 썼다. 아침 7시가 되자 온갖 난리법석이 시작됐다. 그리고 8시가 되어 사무실로 돌아온 나는 또 다른 마감시간을 마주하고 앉아 있었다. 피곤이 이만저만이 아니었다. 하품이 나왔다. 앞에 놓인 하루 일과를 생각하니 또 하품이 나왔다. 커피를 연거푸 세 잔이나 마셨지만 나도 모르게 30초 정도 졸았다.

여기서 잠깐, 지금 이 글을 읽으면서 여러분도 하품을 했는가? 졸음을 못 이기고 하품하는 내 모습을 떠올리는 동안 여러분도 하품이 나오려고 하지는 않았는가? 만약 그렇다면 여러분은 다음에 설명할 타고난 재능, 즉 '공감'에 선천적 재능이 있는 사람이다(만약 하품이 나오지 않았다면, 선천적인 이 소질을 계발하기 위해 내 글보다 훨씬 감성적으로 공감할 수 있는 글이 필요할 것이다).

공감이란 자신을 다른 사람의 처지에 놓고 생각하며 그 사람의 느낌을 직관적으로 이해하는 능력을 말한다. 이는 다른 사람의 입장에서, 그 사람의 눈으로 보고, 그 사람의 감정을 느끼는 능력이다. 이는 매우 선천적인 것이며 의도적으로 만들어지기보다는 본능적인 것이다.

하지만 공감은 다른 사람을 위로하는 연민과는 다르다. 공감은 내가 다른 사람이 됐을 때 어떤 감정을 느낄지 생각해보는 것이다. 이는 대담한 상상이며 일종의 가상현실로서, 다른 사람의 시선으로 세상을 경험하기 위해 그 사람의 마음을 타고 오르는 아찔한 행위다.

이를 위해서는 스스로를 다른 사람에 맞춰 조율해야 한다. 따라서 앞서 일부 독자들이 하품을 했던 것과 마찬가지로 공감에는 행동의 모방이 일부 포함되어 있다. 드렉셀대학교의 정신신경학자 스티븐 플래텍(Steven Platek)은 하품의 전염을 '원시적 공감의 메커니즘'이라고 설명했다. 그는 연구를 통해 '하품의 전염'이라는 항목이 공감의 수준을 측정하는 여러 테스트에서 높은 점수를 얻었음을 발견했다. 그러한 사람들(물론 하품을 따라했던 독자들과 같은 사람)은 다른 사람과의 동조가 뛰어나서 하품하는 행동을 따라하지 않을 수 없다.

공감은 매우 중요하다. 공감할 수 있는 능력은 우리 인류가 그렇고 그런 동물들 사이에서 진화해 나오는 데 큰 도움을 줬다. 그리고 우리가 직립보행을 실현하고 난 뒤에도 공감의 도움은 지속되고 있다. 공감을 통해 우리는 논쟁의 다른 면을 볼 수 있고, 비탄에 잠겨 있는 누군가를 위로해줄 수 있으며, 비방의 말을 쏟아놓는 대신 노여움을 자제할 수 있게 된다. 공감은 자기인식을 형성하고, 부모와 자식 사이의 유대를 돈독히 하며, 사람들이 함께 일할 수 있도록 해주고, 사회 윤리의 발판을 마련한다.

하지만 다른 하이컨셉·하이터치 재능들과 마찬가지로 타인과 공감할 수 있는 능력 또한 정보화 시대에 정당한 인식과 대접을 받지 못하고 있다. 공감이란 흔히 속세의 이해관계에서 초연하기를 요구하는 '자애로움' 쯤으로 여겨진다. 이를 무시하는 사람들은 흔히 '스킨십이나 하는 것' 쯤으로 공감을 폄훼하기도 한다.

빌 클린턴 전 미국 대통령이 "나 또한 당신의 고통을 느끼고 있습니다"라는 말을 했다가 언론의 뭇매를 맞았던 일을 떠올려보자. 일부 비판가들은 대통령이 상대를 무시했다고 생각했다. 하지만 이보다 더한 비판은 그런 말은 대통령답지 않을 뿐 아니라 남자답지도 못하다는 혹평이었다. 미국인들은 대통령이 느낌보다는 '생각'을 중시해야 한다고 여겼다. 마음으로 공감하기보다는 빈틈없이 계획하는 자세가 대통령답다고 생각했다. 아니 적어도 오랫동안 그렇게 여겨왔다.

빈틈없는 지식근로자와 효율을 중시하는 하이테크 기업들이 보상을 받는 시대에는 감정과는 거리를 둔 차가운 이성이 중시됐다. 다시 말해 한발 물러서서 상황을 파악하며 감정에 방해를 받지 않고 의사결정을 하는 능력이 필요했다. 하지만 다른 많은 좌뇌형 재능들과 마찬가지로 우리는 한쪽 뇌를 이용한 편향된 접근법으로는 그 한계를 느끼기 시작했다. 클린턴이 공감을 표명하는 발언을 했던 비슷한 시기에 다니엘 골먼이 쓴 《정서 지능(Emotional Intelligence)》은 이러한 변화의 흐름을 잘 보여주고 있다. 골먼은 "정서적 능력이 기존의 지능적 능력보다 중요하며 세상이 그들의 소리에 귀 기울일 것이다"라고 주장했다.

그런데 10년의 세월이 흐른 뒤 하이컨셉·하이터치 시대가 부상했다. 골먼이 책을 쓸 당시만 해도 인터넷은 걸음마 단계에 있었으며, 앞에서 설명한 인도의 솜씨 좋은 프로그래머들은 초등학생이었을 것이다. 오늘날 이러한 모든 신기술은 해외 지식근로자들과 결합해 IQ로 측정할 수 있는 재능들을 대체 가능하게 만들었고, 상대적으로 대체되기 어려운 재능들의 가치를 더욱 높여놓았다. 컴퓨터로 재생산하기 불가능한 재능, 멀리 해외 근로자들이 IT 기술을 이용해도 대체하기 불가능한 재능이 바로 공감의 능력이다.

"리더십은 공감하는 능력과 관련이 깊다. 공감은 타인을 격려하고 그들의 삶에 활력을 불어넣어주기 위해 타인과 관계를 맺고 연대하는 능력이다."

오프라 윈프리(Ophra Winfrey) 방송인

천의 얼굴, 우뇌에 의해 해독되다

《종의 기원(On the Origin of Species)》을 출간한 지 13년 후인 1872년, 찰스 다윈(Charles Darwin)은 빅토리아 사회를 뒤흔든 또 하나의 역작을 세상에 내놓았다. 이 책의 제목은 《사람과 동물의 감정표현(The Expression of the Emotions in Man and Animals)》이었는데, 당시 많은 논란을 불러일으켰다. 다윈은 모든 포유동물들이 감정을 지니고 있으며 이를 표현하는 한 가지 방법은 '얼굴 표정'이라고 말했다. 얼굴에 애처로운 표정을 띠고 있는 개는 얼굴을 찌푸리고 있는 사람이 불행한 것처럼, 슬픔에 잠겨 있을 것이라 추측했다.

책은 나오자마자 큰 소용돌이를 일으켰지만, 다음 세기가 되자 논란의 열기는 상대적으로 수그러들었다. 심리학과 과학계에서는 우리의 얼굴이 감정을 표현하고 있지만 이는 타고난 천성이라기보다는 문화적 산물이라고 가정했다. 그러나 1965년 당시 젊은 심리학자이자 현재는 전설적인 이름을 남기고 있는 폴 에크먼의 등장으로 이러한 가정은 설득력을 잃었다. 미국인인 그는 일본 · 아르헨티나 · 브라질 · 칠레 등지를 여행했다.

그는 현지의 사람들에게 다양한 표정을 짓고 있는 얼굴 사진들을 보여주는 실험을 했는데, 그 결과 아시아와 남미인들이 미국인들과 똑같이 얼굴 표정을 해석하고 있다는 사실을 발견했다. 그는 이 사실에 고무됐다. 하지만 그는 이러한 공통적인 해석이 TV나 서구의 영향 때문일지도 모른다고 생각했다. 그리하여 에크먼은 파푸아뉴기니의 고원지대로 가서는 한 번도 TV나 서구인들을 본 적 없는 사람들에게 똑같은 사진들을 보여줬다. 그런데 이들 또한 다른 지역 사람들과 마찬가지로 표정을 해석했던 것이다. 결국 이 젊은 과학자는 기존 가설을 뒤엎는 결론을 내렸다.

다윈이 옳았던 것이다. 얼굴 표정은 세계 공통이었다. 눈썹을 올리는 표정은 맨해튼 중심부에 살고 있는 사람이든, 부에노스아이레스에 살고 있는 사람이든, 파푸아뉴기니 고원지대에 살고 있는 사람이든 간에 모두 '놀라움'을 의미하는 표정이었다. 에크먼은 얼굴 표정에 관한 연구에 많은 노력을 기울여왔다. 그는 내가 앞에서 언급한 뇌 스캔을 받을 때 사용한 사진들을 만들었다. 그의 연구는 우리의 목적에 매우 중요한 역할을 하고 있다. 공감이란 주로 다른 사람의 느낌을 느끼는 감정이라고 할 수 있다. 그런데 감정은 일반적으로 좌뇌형 방식으로는 드러나지 않는다. 골먼은 다음과 같이 말한다.

"인간의 감정은 좀처럼 말로는 표현되지 않습니다. 이보다는 흔히 다른 몸짓을 통해 표현되지요. 이성적인 사고가 언어로 표현되듯, 감정의 상태는 비언어적입니다."

그리고 이러한 감정을 주로 표현하는 캔버스가 바로 얼굴이다. 우리의 얼굴은 이마 · 눈 · 눈썹 · 뺨 · 입술 등을 늘이거나 수축시키는

43개의 소근육을 통해 자신의 모든 감정을 전달할 수 있다. 타인과의 공감은 주로 감정에 의지하며, 감정은 비언어적으로 전달된다. 따라서 다른 사람의 마음속에 들어가기 위해서는 그 사람의 얼굴을 관찰해야 한다.

얼굴 표정을 읽는 것은 우뇌의 전문 분야다. fMRI를 통해서 본 결과 내가 극단적인 표정을 봤을 때는 무서운 장면을 봤을 때와는 달리 우뇌가 좌뇌에 비해 훨씬 왕성하게 반응했다.

"우리 자신의 감정을 표현하거나 다른 사람들의 감정을 읽을 때는 주로 우뇌를 사용합니다."

조지워싱턴대학교의 신경학자 리처드 레스탁(Richard Restak)의 말이다. 따라서 우뇌에 손상을 입은 사람들은 다른 사람들의 표정을 인지하는 데 큰 어려움을 겪는다(우뇌 기능에 이상이 있는 자폐증 환자들의 경우에도 이러한 현상이 종종 일어난다).

이와는 대조적으로 주로 언어 프로세스를 관장하는 좌뇌에 손상을 입은 사람들은 보통 사람들보다 사람의 감정을 '잘' 읽는 경향이 있다. 예를 들어 폴 에크먼과 낸시 엣코프(Nancy Etcoff, 매사추세츠 종합병원 신경과 전문의)는 실험을 통해 대부분의 사람들이 다른 사람의 거짓말을 감지하는 데 형편없는 능력을 발휘한다는 사실을 보여줬다.

어떤 사람에게 거짓말을 하게 하고는 그 사람의 얼굴 표정이나 목소리만으로 그 진위 여부를 가려보라고 하면, 이는 막연히 추측하는 것과 크게 다르지 않았다. 그러나 실어증 환자(말하고 듣는 기능을 하는 좌뇌에 손상을 입은 사람)는 거짓말을 감지하는 데 뛰어난 능력을 보였다. 이들은 얼굴에 나타나는 신호를 감지함으로써 거짓말하는 사람을 가려내는 데 70퍼센트 이상 성공했다. 이는 그들이 의사소통의 채널 하나를 사용하지 못하는 대신 다른 하나, 즉 좀 더 '표현'에 의존하는 채널을 해석하는 능력이 발달해 있기 때문이다.

하이컨셉·하이터치 시대는 이처럼 포착하기 어려운, 그러나 감정을 표현하는 채널에 확실히 프리미엄을 제공한다. 컴퓨터에 정서 지능을 부여하는 것은 과거 수십 년 동안 많은 과학자들의 꿈이었다. 하지만 '감정을 헤아리는' 분야에서는 최고의 과학자들도 큰 진전을 보지 못하고 있다. 컴퓨터는 사람의 얼굴에 나타나는 사소한 표정을 감지해내기는커녕 서로 다른 사람의 얼굴을 구별하는 초보 수준에 머물러 있다. MIT의 로잘린 피커드(Rosalind Picard)는 이렇게 말한다.

"컴퓨터는 수학적 능력에서는 어마어마한 힘을 발휘하지요. 하지만 인간과의 상호작용에서는 자폐증 환자나 마찬가지입니다."

음성인식 소프트웨어는 이제 우리가 노트북에 '저장' 또는 '삭제' 같은 명령을 내리거나 비행기 좌석예약 시스템에 '통로측' 또는 '창가측'이라고 내뱉는 말을 인식한다. 그러나 지구상에서 가장 강력한 컴퓨터를 구동하는 가장 정교한 소프트웨어일지라도 인간의 감정을 구별해내지는 못한다. 최근 콜센터에서 사용되고 있는 새로운 몇몇 애플리케이션은 고객이 하는 말의 고저·강약·음량·박자 등을 감지해 부분적으로나마 '감정의 존재 여부'를 분간하기도 한다. 하지만 소프트웨어가 이러한 신호를 인지했더라도 그 다음은? 진짜 인간에게 전화를 연결해주는 것으로 끝이다.

위의 사례는 하이컨셉·하이터치 시대의 일면에 불과하다. 몇 줄의 소프트웨어 코드로 대체되든 해외 저임금 근로자들에게 건너가든 간에, 몇 가지 공식으로 줄어들 수 있는 작업들은 상대적으로 공감의 능력이 조금만 요구된다. 이 같은 업무들은 미국·캐나다·영국 등에서는 대폭 사라질 것이다. 그러나 남는 일자리는 사람들 사이의 미묘한 상호작용에 대한 좀 더 깊고 폭넓은 이해를 요구할 것이다.

그렇다면 감정적인 능력과는 거리가 멀다고 여겨왔던 분야에 대해 생각해보자. 법률이 그런 분야 가운데 하나라고 할 수 있다. 기초적인 법률조사의 상당 부분은 이제 영어를 구사할 수 있는 다른 나라 변호사들에 의해 수행되기에 이르렀다. 마찬가지로 소프트웨어와 웹사이트는 정보를 독점했던 변호사들이 한때 누렸던 성역을 허물어가고 있다. 그렇다면 어떤 변호사들이 남게 될 것인가? 고객들과 공감할 수 있고 그들이 진짜 필요로 하는 것을 이해할 수 있는 변호사들만 살아남을 것이다.

그들은 협상 테이블에 앉았을 때, 겉으로 드러나지는 않지만 말 속에 잠재되어 있는 숨은 의도를 이해할 수 있는 사람들이다. 그리고 그들은 배심원들의 표정을 읽음으로써, 배심원들을 설득해나갈 수 있는 사람들이기도 하다. 물론 변호사들에게 이처럼 상대방과 감정적 공감을 이룰 수 있는 능력은 언제나 중요하게 생각돼왔다. 그러나 언제든 대체할 수 있는 변호사가 있는 현 시대에는 이러한 능력이 남들과 차별화될 수 있는 핵심요소로 떠올랐다.

공감의 능력은 21세기 노동시장에서 생존하는 데 필요한 직업적 기술 이상의 의미를 갖고 있다. 공감은 생활윤리이기도 하다. 공감은 인간이 다른 인간을 이해하는 수단이며, 다윈과 에크먼이 발견한 것처럼 "국가와 민족을 초월해 우리를 다른 사람과 연결해주는 보편적 언어"다. 공감은 우리를 인간답게 만들고 기쁨을 준다. 게다가 공감은 의미 있는 삶을 살아가는 데 필요한 요소다.

누구나 타인과 공감하는 능력을 향상시킬 수 있다. 또한 대부분의 사람들은 표정을 읽는 능력을 향상시킬 수 있다. 수년 동안 에크먼은 수많은 사람들의 표정(세계 전역에 있는 사람들이 감정을 전달할 때 사용하는 공통적인)을 수집했다. 그리고 그는 분노·슬픔·두려움·놀람·혐오·경멸·행복이라는 기본 감정 7가지가 얼굴에 나타나는 확실한 신호임을 발견했다. 이러한 표현들은 종종 강하고 집중적으로 드러나기도 한다. 하지만 많은 경우에는 미묘하게 드러난다. 에크먼은 이를 '경미한 표현'이라고 부른다. 이는 감정이 시작되는 경우나, 아니면 감정을 숨기는 시도가 실패하는 경우에 흔히 드러난다. '부분 표현'도 있고, 얼굴에 5분의 1초 정도 순간적으로 스쳐가는 '미세 표현'도 있다.

"이는 흔히 느끼는 감정을 숨기려고 할 때 나타납니다."

에크먼은 FBI · CIA · ATF 요원들은 물론 경찰 · 검찰 · 법관 심지어 일러스트레이터와 애니메이터들을 상대로 표정 읽는 기술을 가르쳤다. 그리고 나는 지금 여러분에게 에크먼의 기술 중 한 가지를 알려주고자 한다.

나는 언제나 가식적인 웃음을 지어야 할 때면 속이 편치 못했다. 그러면서도 다른 사람들이 내 앞에서 미소를 지을 때면 그것이 내 농담에 매료되어서인지 아니면 그렇지 않은데도 억지로 웃음을 짓고 있는 건지 확신하지 못했다. 그러나 이제는 분명히 알 수 있다. 에크먼은 진정 즐거워서 짓는 미소를 1800년대 후반 이 분야를 개척했던 프랑스의 신경학자 뒤셴 드불로뉴(Duchenne de Boulogne)의 이름을 따서 '뒤셴의 미소'라고 불렀다. 진심으로 미소를 지을 때에는 얼굴에 있는 2개의 근육이 사용된다는 것이다.

첫 번째 근육은 협골주근(zygomatic major muscle)으로 광대뼈 부근에서 뻗어 나온 근육인데, 입 가장자리를 들어올린다. 두 번째는 안륜근(obicularis oculi muscle)인데, 눈 주위에 분포한 근육이다. 눈썹과 눈썹 밑 피부를 끌어당기는 한편, 눈 밑의 피부를 끌어올리고 볼을 올리는 역할을 한다.

가짜 웃음과 진짜 웃음의 차이를 판단할 수 있는가

가식적인 웃음은 협골주근만을 사용한다. 그 이유는 다음과 같다. 우리는 협골주근은 의지대로 조절할 수 있지만 안륜근과 관계된 근육은 통제하지 못한다. 안륜근은 우리가 진정으로 즐거움을 느낄 때만 수축한다. 우리가 진정으로 즐거움을 느낄 때는 안륜근이 수축하는 것을 막을 수 없다. 안륜근은 자발적으로 수축한다. 뒤셴은 말한다

"솔직한 즐거움의 감정을 느낄 때면 협골주근과 안륜근의 수축이 함께 작용하여 얼굴에 나타난다. 협골주근은 사람의 의지에 따라 움직이지만 안륜근은 정신적으로 즐거운 감정을 느낄 때에만 작동한다."

달리 말해 가식적인 웃음을 구별해내고자 한다면 상대의 눈을 보면 된다. 눈 주위의 근육이 수축하지 않는다면, 여러분 앞에서 희색이 만면한 표정을 짓고 있는 그 사람은 진실한 친구가 아니다. 다음의 두 사진을 살펴보자.

하나는 내가 가식적인 미소를 쥐어짜고 있는 표정이고, 다른 하나는 아내의 농담에 반응해 웃는 장면이다. 어떤 것이 진심으로 웃는 표정인지 가려낼 수 있는가? 내 눈을 주의 깊게 살펴본다면 어렵지 않을 것이다. 오른쪽 사진이 진정 즐거워하는 사진이다. 내 눈썹이 조금 아래로 내려갔고, 눈 밑 피부가 조금 위로 당겨져 있다. 양눈 자체는 조금 좁혀져 있다. 손가락으로 눈을 가려보면 입 모양은 같음을 알 수 있다. 눈만 가릴 수 있다면 무엇이든 속일 수 있다. 하지만 '뒤셴의 미소'만큼은 일부러 지어낼 수 없다. 타인과 공감하는 능력을 향상시킬 수는 있지만, 이를 거짓으로 지어낼 수는 없는 것이다.

공감 능력의 경쟁력

공감은 독립적인 재능이 아니다. 공감하는 능력은 앞서 논의한 바 있는 3가지 하이컨셉ㆍ하이터치 재능과 연결되어 있다. 공감은 디자인의 필수요소다. 훌륭한 디자이너들은 자신이 디자인하는 제품이나 서비스를 경험하게 될 사람들의 입장을 생각한다. 또한 공감은 조화와 연관이 있다. 왜냐하면 공감을 이룰 수 있는 사람은 주변 관계를 파악하는 게 얼마나 중요한지 잘 알기 때문이다. 그들은 조화로운 사고를 하는 사람이 전체 그림을 보듯, 사람의 전체적인 모습을 볼 줄 안다. 스토리의 재능도 공감과 관련되어 있다. '이야기 치료'에 관해 다룰 때 살펴봤듯이 스토리는 특히 의사에게는 공감을 이루기 위한 관문이다.

그러나 공감하는 능력은 의학을 좀 더 직접적인 방법으로 변화시키고 있기도 하다. 생명윤리학자 조디 할펀(Jodi Halpern)은 "의료 분야의 몇몇 리더들이 '공감하려는 노력과는 분리된' 기존의 접근법에서 탈피할 것을 촉구하고 있다"고 쓰고 있다. 환자들의 감정과 유리된 과학적 모델은 적절치 않다고 그들은 말한다. 그런 접근만으로는 충분하지 않기 때문이다.

앞서 이야기했듯이 많은 의료 활동이 표준화되어 있으며, 여러 가

"당신의 직감을 신뢰하라. 이는 낚시를 하는 것과 비슷하다."
폴 사이먼(Paul Simon) 가수

지 질병의 진단 및 치료는 몇몇 반복적인 공식으로 요약될 수 있다. 어떤 의사들은 자신들의 이러한 모습을 '요리책을 보고 요리하는 주부'의 모습과 다를 게 없다고 비아냥거린다. 물론 이러한 의료 활동의 모습도 많은 장점이 있다. 의사들이 따르는 기존 의료원칙들은 수백, 수천 가지 임상경험에서 축적된 결과물이다.

덕분에 의료 전문가들은 새로운 환자 맞춤형 처방법을 개발하고 시도해볼 필요가 없다. 그러나 이와 같은 일은 컴퓨터가 일부 대체할 수 있다. 컴퓨터가 할 수 없는 일은 환자들과 공감하는 것이다.

무엇보다 공감하는 능력은 의료 활동에 강력한 힘을 발휘한다. 예컨대 몇 년 전 우체국 직원 두 사람이 각기 다른 병원을 찾아가 비슷한 증상을 호소했다. 한 사람은 의사에게 자신의 몸이 좋지 않다고 털어놨는데, 최근 폐쇄된 한 우체국 시설에서 일하다가 탄저병에 걸린 것 같다고 덧붙였다. 의사는 관련 공중보건 기관에 전화를 걸었다. 그 기관에서는 탄저병은 치명적인 질환이 아니기 때문에 항생제를 처방할 필요가 없다고 대답했다. 따라서 그 의사는 규칙에 따라 그 환자에게 타이레놀 몇 알을 처방해 집으로 돌려보냈다. 며칠 후 그 환자는 탄저병으로 사망했다.

한편 다른 우체국 직원은 그리 멀지 않은 다른 병원의 응급실로 갔다. 그의 의사는 환자를 진찰해본 뒤 폐렴에 걸린 것 같다고 추정했다. 하지만 그는 의사에게 자신이 우체국 시설에서 일하고 있다고 말했다. 그래서 그 의사는 탄저병이라는 생각은 하지 않으면서도 뭔가 꺼림칙한 느낌에 다른 검사를 지시했다. 또한 만에 하나를 대비해서 탄저병에 대한 항생물질인 시프로(Cipro)를 처방했다. 그리고 그를 집으로 돌려보내는 대신 병원에 입원시키고 감염성 질병 전문가를 소환했다. 나중에 그 환자는 탄저병에 걸린 것으로 판명됐다.

"나는 그저 환자의 말을 귀 기울여 들었을 뿐입니다."

〈월스트리트저널(Wall Street Journal)〉과의 인터뷰에서 그 의사가 한 말이다.

"그가 말했습니다. '내가 내 몸을 잘 아는데, 뭔가 정상이 아닌 것 같다'고요."

공감하는 능력(다른 사람이 느끼는 바를 직관적으로 이해하는 능력)이 한 사람의 생명을 구한 것이다.

"의사들은 환자가 느끼는 몸과 마음의 상태에 대해 단순히 정확한 설명만으로 공감을 표현할 게 아니라, 말의 타이밍과 음색, 완급 그리고 환자의 감정을 움직이는 모든 면에서 전반적인 동조를 나타내야 한다."

조디 할펀은 다음과 같이 조언한다.

"과학 기술과 기타 도구들을 이용하는 한편, 공감을 통해 객관적인 지식을 보완해야 정확한 진단을 할 수 있습니다."

이처럼 공감의 능력은 의료 분야에서 필요한 재능 중 하나로 떠오르고 있다. 공감 능력은 앞에서 예로 든 의사(원칙을 준수하되 환자와 공감을 이룬)와 같은 차세대 건강관리 전문가들을 새롭고 균형 있는 의학의 길로 안내한다. 환자와 좀 더 효과적인 감정의 동조를 이루는 소통의 가치를 신뢰함으로써 학생들의 이 같은 능력 향상을 도모하는 의과대학들이 생겨나고 있다. 이는 상식적인 것처럼 생각될지 모른다. 하지만 좌뇌에 크게 의존하는 의료전문가 집단으로서는 실로 커다란 변화가 아닐 수 없다. 한편 연극배우 메건 콜(Megan Cole)은 미국 전역의 의과대학들을 순회하며 일명 '공감의 재능'을 예비 의사들에게 가르치고 있다.

이 강좌는 여러 가지 연극 기술은 물론 표정, 억양, 몸짓언어 등 다양한 비언어적 신호를 이용해 환자를 괴롭히고 있는 병이 무엇인지 좀 더 잘 감지해내고, 이에 대한 염려와 배려를 효과적으로 전달할 수 있는 방법을 배우기 위한 목적으로 개설됐다. 그리고 앞에서 소개한 제퍼슨 의과대학에서는 이 같은 재능을 개발하기 위한 과정(JSPE, Jefferson Scale of Physician Empathy)을 개설하기도 했다.

JSPE가 생긴 지 얼마 되지 않았지만 몇 가지 흥미로운 결과가 나타났다. 예를 들어 공감 능력 테스트에서의 높은 점수가 의료 활동에서의 성과와 밀접한 상관관계를 보였다는 점이다. 다시 말해 다른 모든 조건이 동일하다면, 좀 더 감정적인 동조를 보이는 의사로부터 치료받은 환자들이 그렇지 못한 환자들보다 빠른 회복속도를 보였다. 게다가 공감 능력 테스트와 MCAT 또는 의사면허시험 성적은 아무런 상관관계를 보이지 않았다.

이는 의사들의 실력을 평가하는 기존 측정방법들이 최고의 의사들을 구별해내는 데 그다지 변별력을 갖지 못한다는 사실을 의미한다. JSPE에서 높은 성적을 올리는 사람과 그렇지 못한 사람들 사이에는 또 다른 흥미로운 차이점이 있었다. 일반적으로 여성들이 남성들보다 높은 점수를 얻었다는 점이다. 그리고 다른 직종보다 더 높은 점수를 얻은 의료전문가 집단이 있었다. 예를 들어 병원에서 일하는 전문직 종사자들 중 간호사들은 일반적으로 의사들보다 더 높은 점수를 얻었다.

치료 시 공감의 역할에 대한 인식이 높아짐에 따라 간호사는 하이컨셉·하이터치 시대의 핵심 전문직 중 하나로 떠오를 것이다. 물론 간호사라는 직업은 환자들과의 단순한 공감 이상의 역할을 수행한다. 하지만 감정에 근거해 간호사들이 제공하는 업무는 아웃소싱이나 자동화가 불가능한 소중한 일이다. 엑스레이 사진을 판독하는 업무는 인도 방갈로르에 있는 방사선 전문의들도 할 수 있다. 하지만 접촉하고, 옆에 있어주고, 위로하는, 감정을 전달하는 일은 광섬유 케이블을 통해 하기 어려운 일이다.

선진국의 고령화가 진행되면서 간호사에 대한 수요는 매우 커졌다. 미국에서 간호 분야는 전체적으로 100만 명이 부족한, 그야말로 심각한 인력난에 직면해 있다. 일반적으로 미국 병원의 간호사 자리는 약 13퍼센트가 충족되지 못한 채 비어 있다.

간호사들은 너무 많은 환자들과 씨름해야 하는 고충을 호소한다. 그러나 환자들과 공감하는 그들의 능력으로 인해 많은 사람들로부터 존중을 받고 있으며 점점 더 많은 급여를 받게 될 것이다. 갤럽 연례 조사에 따르면, 미국에서 간호사라는 직업은 가장 정직하고 윤리적인 전문직으로 평가받고 있다. 이들에 대한 급여도 다른 어떤 직업군보다 빠르게 상승할 것으로 보인다.

공감 능력에 대한 인식 재고는 자녀에 대한 부모들의 조언에도 영향을 미치기 시작했다. 호주 정보기술 관리자들에 대한 최근 설문조사에 따르면, 90퍼센트의 부모들이 자녀들에게 좌뇌 주도형 분야인 소프트웨어 엔지니어링 직업을 선택하지 못하도록 하겠다고 대답했다. 대신 그들이 자녀들에게 권하는 직업은 무엇일까?

"나는 우리 아이들에게 간호사를 전문직으로 선택하라고 조언하겠습니다."

시드니의 한 통신회사에서 근무하는 제임스 마이클스(James Michaels)의 말이다.

"간호사는 전 세계적으로, 또한 호주에서도 유망한 직업이니까요."

남성과 여성 그리고 공감 능력

남성과 여성 중 누가 더 타인과 공감하는 능력이 뛰어날까? 이 질문에 대한 답은 "남성도 여성도 아니라 개인에 따라 다르다"이다. 그리고 이는 전체적으로 볼 때 사실이라고 할 수 있다. 하지만 정치적으로 옳은 견해를 지지할 수 없는 증거들이 점차 나타나고 있다. 예를 들어 10여 건에 이르는 조사에 따르면, 여성들이 일반적으로 남성보다 표정을 잘 읽고 거짓말을 잘 가려낸다고 한다. 세 살배기 아이들 사이에서도 일찌감치 여자애들이 남자애들보다 다른 사람의 생각을 잘 추정하며 얼굴 표정을 잘 분간한다고 한다. 심리학자 데이빗 메이어스(David Meyers)는 이 연구 결과를 다음과 같이 요약하고 있다.

"기뻐하는 사람과 함께 기뻐하고, 우는 사람과 함께 울 수 있다고 대답하는 사람들, 즉 스스로 타인과 잘 공감한다고 응답한 비율은 여성이 훨씬 높았습니다. 행동을 관찰해보면 이러한 남녀 사이의 차이는 더욱 벌어지지요. 여성들은 다른 사람이 비탄에 잠겨 있을 경우 함께 울거나 같이 고민하는 경향이 높았습니다. 남성이든 여성이든, '남성 친구보다 여성 친구와의 사이에서 더욱 친밀함을 느끼며, 즐거움과 마음의 안정을 얻는다'고 대답하는 것도 이처럼 감정이입의 정도에서 차이를 보이기 때문인 것으로 생각할 수 있습니다. 누군가 자신을 이해해주고 공감해줄 사람을 찾는다면 남자든 여자든 간에, 대체로 여성을 찾게 됩니다."

케임브리지대학교 심리학 교수 사이먼 배런 코헨(Simon Baron-Cohen)은 이처럼 겉으로 드러나는 남녀의 차이를 이론적으로 설명했다. 그는 《근본적인 차이(The Essential Difference)》라는 자신의 저서 첫머리에서 이에 관해 뚜렷한 주장을 했다.

"여성의 뇌는 선천적으로 감정 동조에 뛰어난 능력을 갖고 있다. 남성의 뇌는 선천적으로 이해와 시스템 구축에 뛰어난 능력을 갖고 있다."

배런 코헨 교수는 먼저 모든 여성이 '여성의 뇌'를 갖고 있으며, 모든 남성이 '남성의 뇌'를 갖고 있는 건 아니라고 강조한다. 하지만 남성들이 여성보다 조직하고 체계화하는 능력이 뛰어나며, 여성이 남성보다 공감하는 능력이 뛰어난 뇌를 갖고 있다는 자신의 논지를 뒷받침할 만한 다양한 증거들을 제시한다. 배런 코헨 교수가 제시한 2가지 사고 유형의 차이는 매우 흥미롭다.

"조직화하는 능력은 정확성 그리고 세부적인 내용에 뛰어난 집중력을 보이며, 앞뒤 정황과는 상관없이 정해진 룰에 끌리는 경향이 있다."

또한 그는 이렇게 덧붙였다.

"조직화하기 위해서는 요소들을 세부적으로 분리해야 한다."

배런 코헨 교수는 자폐증에 대해 '남성의 뇌'가 극단적으로 발달한 경우라고 주장했다. 그러나 공감하는 능력은 사뭇 달랐다.

"공감을 위해서는 여러분이 물건이 아닌 감정을 지닌 사람을 상대하고 있으며, 그의 감정이 여러분의 감정에 영향을 미친다는 사실을 깨달을 수 있도록 어느 정도 상대방에 대한 애착이 필요하다. 타인과 공감하는 능력은 엄밀하지 못하고(다른 사람의 마음을 가늠해볼 때는 대략적인 추정만 가능), 큰 그림에 주목하며(예컨대 누가 다른 사람에 대해 어떤 생각과 감정을 품고 있는지 생각해볼 때), 앞뒤 정황을 고려하고(누군가의 마음을 가늠해볼 때는 그 사람의 얼굴·음성·행동·과거 등이 모두 중요한 정보가 된다), 규칙에 얽매이지 않습니다(어제 행복을 줬던 것이 내일도 반드시 행복을 선사하는 것은 아니다)."

이 말이 의미하는 바를 곰곰이 되새겨보자. '남성의 뇌'라는 표현은 '좌뇌형 사고'와 약간 비슷한 의미로 들린다. 또한 '여성의 뇌'라는 표현은 '우뇌형 사고'의 하이컨셉·하이터치 접근과 비슷해 보인다(한편 2개의 사고 유형은 앞서 예로 든 탄저병 환자들을 치료해준 2명의 의사가 보인 서로 다른 접근법에도 각각 대응된다. 마침 이 두 의사 가운데 한 명은 남성, 다른 한 명은 여성이었다).

"타인과 공감할 수 있는 능력은 인류가 받은 훌륭한 선물이다."
메릴 스트립(Meryl Streep) 배우

그렇다면 누구나 우리 뇌의 여성적인 측면을 활용해야 한다는 뜻일까? 팔에 털이 부숭부숭 나 있고 목소리가 굵은 사람들조차도? 그렇다. 하지만 그렇다고 해서 우리 뇌에서 시스템을 구축하는 부분을 무시해도 좋다는 뜻은 아니다.

공감은 지성의 일탈도 아니요, 지성으로 향하는 유일한 길도 아니다. 때로 우리는 초연함을 견지할 필요가 있지만 많은 경우 타인과 동조를 이룰 필요가 있다. 그리고 앞으로는 이 2가지 태도 사이에서 침착하게 균형을 맞출 수 있는 사람이 크게 성공하는 시대가 올 것이다. 곱씹어 생각하고 생각할수록 하이컨셉 · 하이터치 시대에서는 이 같은 남녀 양성적 사고가 절실해질 것이 분명하다.

유희
호모 루덴스의 진화

다음 페이지의 사진을 보자. 이 남자는 왜 웃고 있을까?

이에 대한 설명은 여러분이 예상했던 것보다 조금 복잡하다. 사진 속 인물은 인도 뭄바이에 사는 마단 카타리아(Madan Kataria)라는 의사다. 카타리아 박사는 웃는 걸 좋아한다. 그는 진정 웃음을 즐기는 사람이다. 그는 웃음이 자비로운 미덕들을 갖추고 있다고 믿는다. 웃음은 개인과 사회는 물론 국가에도 긍정적인 영향을 미칠 수 있다. 그래서 그는 몇 년 전 진료시간을 줄이고 스스로 웃음의 전도사 역할을 하기로 결심했다.

웃음클럽을 창시한 카타리아 박사

그는 웃음이라는 전염병을 전 세계로 확산시켜 인류의 건강을 향상시키고, 수익도 증대시키며, 세계 평화도 가져오게 한다는 목표를 세웠다. 그가 웃음이란 전염병을 퍼뜨리는 수단은 이른바 '웃음클럽'이다. 웃음클럽이란 매일 이른 아침 공원, 마을 녹지대, 쇼핑센터 등에 모여 30분 동안 웃는 사람들의 작은 모임을 말한다.

카타리아 박사의 원대한 목표는 언뜻 우스꽝스럽게 비칠지도 모르겠다. 하지만 내가 어느 어스름한 이른 아침에 뭄바이에서 그랬던 것처럼 웃음클럽을 방문해보면 그가 신화 같은 목표에 구체적인 수단으로 접근하고 있음을 알 수 있다. 오늘날 웃음클럽은 전 세계 2,500 곳에서 정기 모임이 열리고 있다. 이들 중 상당수는 100개의 클럽이 있는 뭄바이를 비롯해 더 많은 클럽이 있는 인도의 하이테크 도시 방갈로르 등에 존재한다.

하지만 영국·독일·스웨덴·노르웨이·덴마크·캐나다 등 서구 여러 나라에도 속속 웃음클럽이 생겨나고 있으며, 미국 내에도 수백 개가 있다. 그리고 이들 클럽이 가장 많이 생겨나고 있는 곳은 다름 아닌 '직장'이다.

나는 이 장의 말미에서 이 웃음의 전도사에 관해 다시 한번 살펴볼 생각이다. 그런데 그가 세계적 명성을 얻어가고 있다는 사실, 그리고 각 기업 사무실과 이사회에서 웃음클럽이 점차 수용되고 있다는 사실은 하이컨셉·하이터치 시대에 벌어지는 또 다른 중요한 양상을 보여주고 있다. 심각한 진지함이 능력의 척도라는 고정관념에서 벗어나 또 다른 하이컨셉·하이터치 재능인 '유희'가 점차 중요하게 받아들여지고 있는 것이다.

"웃음클럽의 목적은 좀 더 즐거워지는 데 있습니다."

카타리아 박사의 설명이다.

"유희를 즐길 때는 우뇌가 활발히 움직입니다. 논리적인 뇌에는 한계가 있습니다. 하지만 우뇌에는 한계가 없어서 무엇이든 원하는 걸 할 수 있습니다."

카타리아 박사의 운동과, 웃음클럽이 생겨나고 있는 직장들과의 대조적인 모습은 1930년대와 1940년대 포드자동차에서 찾을 수 있다. 포드자동차의 리버루즈(River Rouge) 공장에서는 웃음이 엄격히 금지됐다. 콧노래, 휘파람, 미소 등을 불복종의 신호로 여겼기 때문이다. 영국인 경영학자 데이빗 콜린슨(David Collinson)은 다음과 같이 묘사하고 있다.

"동료와 웃다가 조립 라인을 30초 정도 지연시킨 전과(?)가 있던 존 갈로(John Gallo)는 미소를 지었다는 이유로 1940년에 해고를 당했습니다. 이런 엄격한 관리규칙은 '일할 때는 일해야 하고, 놀 때는 놀아야 한다. 이 둘을 서로 섞으려 해서는 안 된다'는 헨리 포드의 경영철학이 반영된 결과입니다."

포드는 일과 유희의 결합을 독(毒)으로 보고 두려워했다. 그렇지 않을 경우 서로가 서로에게 피해를 준다. 하지만 공황의 그림자가 리버루즈 공장을 사로잡고 있던 시대로부터 벗어나 풍요로 충만한 하이컨셉·하이터치 시대로 접어들면서 일과 유희의 결합은 좀 더 흔하고 더욱 필요한 것으로 바뀌었다. 심지어 일과 유희의 결합이 강력한 기업 전략으로 활용되는 경우도 있다. 항공업계를 살펴보자.

노스웨스트항공은 다른 경쟁사들이 파산 상태에서 비틀거리고 있을 때도 정상적인 수익을 창출해가며 오늘날 가장 성공적인 경영성과를 보이고 있는 기업 중 하나다. 이 회사의 기업사명은 그들의 화려한 업적의 원인을 엿볼 수 있도록 해준다.

"즐겁게 일하지 못하는 사람은 어떤 일에서도 좀처럼 성공을 거두지 못한다."

포드자동차가 즐거움을 배제했던 것과는 180도 달라진 모습이다.

직장에 유희를 접목시키는 기발한 시도를 하고 있는 기업은 노스웨스트항공뿐만이 아니다. 〈월스트리트저널〉에 따르면 50개 이상의 유럽 기업들(노키아 · 다임러-크라이슬러 · 알카텔 등)은 기업 경영진들을 훈련하기 위해 레고 블록을 사용하는 기술을 가르치는, '진지한 유희'와 관련 있는 컨설턴트들을 초빙하고 있다. 브리티시항공은 직원들의 유머 감각을 높이기 위해 전문 코미디언을 고용하고 있다.

다른 5가지 재능과 마찬가지로 유희도 눈에 띄지 않는 음지에서 벗어나 집중적인 조명을 받는 곳으로 이동하고 있다. 일하는 데 있어 호모 루덴스(homo Ludens, 유희의 인간)는 호모 사피엔스(Homo Sapiens, 생각하는 인간)만큼이나 효과적이라는 사실이 입증되고 있다. 유희는 일이나 사업적인 측면에서는 물론 개인적으로 충만한 삶을 살기 위해서도 중요하다. 유희의 중요성은 게임, 유머, 즐거움의 3가지 측면에서 명백해져가고 있다.

게임, 특히 컴퓨터 및 비디오 게임은 고객들에게 양쪽 뇌를 모두 사용하는 방식을 가르치는 크고 영향력 있는 산업으로 떠올랐으며, 이러한 새로운 사고방식을 가진 신세대 직원들을 고용한다. 유머는 그 자체로 관리의 효율성, 감성지수 그리고 우뇌의 특징적인 사고방식의 정확한 지표가 되고 있다. 즐거움은 무조건적인 웃음에서 드러나듯이 우리를 좀 더 생산적이고 충만하게 만드는 힘을 보이고 있다. 하이컨셉·하이터치 시대에는 재미와 게임이 단순히 재미와 게임으로 그치지 않으며, 웃음은 더 이상 웃어넘길 만한 일이 아니다.

게임: 공감 능력을 높이는 하이테크

아래 이미지는 '미국의 군대(American Army)'라는 인기 비디오 게임의 한 장면을 캡처한 것이다. 이 게임을 할 때는 자신을 방어하면서 사악한 적들을 쓰러뜨리기 위해 예측 불가능한 상황을 잘 통제해야 한다. 높은 점수를 획득하려면 적군을 명중시키고 자신을 적절하게 보호하면서 아군을 도와야 하는 등, 같은 종류의 다른 게임들과 비슷한 형식 및 구조를 갖고 있다.

그렇다면 여기서 문제! 이 게임을 만든 회사는 어디일까? 닌텐도? 세가? 일렉트로닉아트? 천만에, 이 게임을 제작하고 유통시킨 곳은 다름 아닌 바로 미합중국의 육군이다.

몇 년 전 병력자원 전문가이자 웨스트포인트(West Point, 원래 뉴욕주 남부에 있는 도시 이름이지만 통상적으로 미 육군사관학교를 지칭한다—옮긴

비디오 게임 〈미국의 군대〉 중 한 장면

이) 교수인 캐시 와딘스키(Casey Wardynski) 대령은 입대 지원자 수가 현저히 하락한 상황을 맞아 지원자를 늘리기 위한 방법을 모색하고 있었다. 1970년대 이후 징병제가 끝나고 탈냉전 시대가 되면서 군대 규모가 현격히 줄었기 때문에, 잠재 지원자들 또한 군복무가 어떤지 예전 세대보다 잘 모르고 있었다. 이러한 문제를 해결하기 위해 고심하던 와딘스키 대령은 웨스트포인트 사관생도들이 비디오 게임에 빠져 있다는 사실에 주목했다. 그리고 우뇌의 영감에 힘입어 적절한 해결책을 떠올릴 수 있었다.

와딘스키 대령은 군대가 이들 젊은이들이 몰입되어 있는 곳, 다시 말해 소니의 플레이스테이션, 마이크로소프트의 엑스박스 그리고 PC에 접근을 시도하는 방법이 효과적일 거라고 생각했다. TV 광고를 이용한 1 대 1 설득으로는 잠재 지원자들에게 군복무의 현실감을 전달하기 어렵지만, 비디오 게임으로 만들면 다양한 군생활을 '가상현실'로 체험하게 해줄 수 있을 것이라 판단한 것이다. 그는 자신의 계획을 군병력 감소 문제로 노심초사하고 있던 펜타곤 고위 장성들에게 프레젠테이션했다. 결국 충분한 예산을 지원받은 와딘스키 대령은 재미도 있고 군생활의 현실을 체험할 수도 있는 게임을 계획하기 시작했다.

이듬해 와딘스키 대령과 미 해군대학원 출판팀은 몇몇 프로그래머와 아티스트들의 도움으로 '미국의 군대'를 제작, 2002년 7월 4일부터 GoArmy.com을 통해 무료로 배포하기 시작했다. 배포를 시작한 첫 번째 주말, 폭발적인 다운로드 트래픽으로 서버가 다운되기도 했다. 디스크에 담아 모병소는 물론 게임 잡지 부록으로도 배포했는데 등록 회원 수도 200만 명을 넘어섰다. 지금도 주말이면 약 50만 명이

"게임은 연구조사의 가장 고상한 형식이다."

알베르트 아인슈타인(Albert Einstein) 물리학자

컴퓨터 모니터 앞에 앉아 군사 임무 시뮬레이션을 즐기고 있다.

'미국의 군대'는 목표 완수를 위해 팀워크와 가치 그리고 책임감을 강조한다는 측면에서 여느 전투 게임과 차별화된다. 게임 참가자는 기본 군사훈련을 이수한 뒤 소규모 그룹 단위로 수행하는 멀티 플레이 게임에 뛰어든다. 그리고 여기서 성공하면 그린베레(Green Berets, 미 육군 특수부대)가 된다. 대부분의 임무는 팀 단위로 수행된다. 전쟁 포로를 구하고, 보급 파이프라인을 보호하며, 테러리스트에게 무기가 공급되는 것을 막아야 한다.

게이머는 적군을 죽일 때만 점수를 얻는 게 아니라, 다른 병사들을 보호하고 같은 그룹 내 동료들이 모두 살아 있는 상태에서 임무를 완수할 경우에도 점수를 획득한다. 만일 어리석은 행동을 했을 경우, 예를 들어 민간인에게 총을 쏘거나 상관의 명령에 따르지 않았을 경우에는 가상의 레번워스(Leavenworth, 캔자스 주 북동부에 위치한 교도소-옮긴이)에 수감되거나 게임 서버에서 추방된다.

단순히 유희라고 해서 모래주머니 던지기쯤으로 만만히 봐서는 안 될 일이다. 현실은 생각보다 더욱 놀랍다. GM이 예술 사업을 하고 있듯 미국 군대는 게임 비즈니스를 하고 있는 것이다. 만일 군이 다른 비디오 게임과 비슷한 가격에 이 게임을 판매했다면 첫해에 약 6억 달러를 벌어들였을 것이다.

군대가 비디오 게임을 개발한 것은 게임의 영향력을 보여주는 하나의 사례에 불과하다. 30년 전 핑퐁 게임이 처음 오락실에 등장하면서 초라한 출발을 보였던 비디오 게임(컴퓨터, 웹 그리고 플레이스테이션이나 엑스박스 같은 게임 전용 플랫폼)은 이제 급성장하는 산업으로 떠올랐으며 각별하게 주목받는 일상생활의 일부가 됐다. 예를 들어보자.

6세 이상의 미국인 절반은 컴퓨터 및 비디오 게임을 즐기고 있다. 매년 미국인들은 게임 구입비로 2억 2,000만 달러 이상을 지불하고 있으며, 미국 내 가구당 매년 2개꼴로 게임을 구입하고 있다. 또한 게임이란 'Y염색체를 가진 사람들의 시간 보내기용'이라는 통념과는 달리 전체 게이머의 40퍼센트 이상이 여성이다.

한편 미국에서 비디오 게임 산업은 영화 산업보다 규모가 크다. 미국인들은 영화를 보는 시간보다 비디오 게임을 하는 데 더 많은 시간을 보낸다. 이들은 평균 1년에 75시간을 비디오 게임에 할애한다. 이는 1977년보다 2배 늘어난 수치이며 DVD나 비디오 영화를 보는 시간보다 많다.

또한 게임 회사인 일렉트로닉아트(Electronic Arts)는 현재 'S&P 500' 지수 기업 중 하나다. 2003년 EA는 20억 달러를 벌어들였다. 이는 같은 해 상위 10대 영화의 수익을 모두 합한 것보다도 많다. 닌텐도의 비디오 게임인 '슈퍼마리오' 시리즈는 70억 달러를 벌어들였다. 영화 '스타워즈' 시리즈가 벌어들인 수익의 2배에 이른다.

모니터 앞에 앉아 엄지손가락을 꼼지락거리고 있는 10대들과 한

집에 살고 있지 않은 성인들은 이런 사실이 쉽게 와 닿지 않을지도 모른다. 하지만 예전 세대에게 TV가 그랬던 것처럼 요즘 청소년들에게는 비디오 게임이 생활을 엮어나가는 주요 방식이다. 몇몇 조사에 따르면 미국 대학생들 중 비디오 게임을 경험한 학생의 비율은 100퍼센트다. 따라서 대학 캠퍼스에서 'GTA(Grand Theft Auto)'나 '심즈(The Sims)' 같은 게임을 해보지 않은 학생을 찾느니, 미적분을 푸는 청개구리를 찾는 편이 빠를 것이다. 카네기멜론대학교에서 실시한 설문조사 결과는 다음과 같이 말하고 있다.

"일반적으로 같은 클래스의 50명 학생들이 모두 본 영화는 찾기 어렵다. 가령 '카사블랑카' 같은 영화를 본 학생은 3분의 1에 불과했다. 하지만 '슈퍼마리오' 게임은 대부분의 학생들이 알고 있고 플레이한 경험도 있었다."

어떤 사람들은 이 같은 사실에 절망하면서 젊은이들이 조이스틱을 잡고 있는 시간만큼 개인들의 지능은 물론 사회발전이 뒷걸음질 칠 것이라고 염려한다. 그러나 이런 생각은 게임의 효과를 잘못 이해하고 있는 것이다. 위스콘신대학교 교수이자 《비디오 게임이 학습과 지식에 관해 우리에게 어떤 도움이 되는가(What Video Games Have to Teach Us about Learning and Literacy)》의 저자 존 폴 지(John Paul Gee)는 게임이 궁극적으로 학습기계라고 주장한다.

"비디오 게임은 훌륭한 학습 원칙에 따라 운영된다. 그리고 그 원칙은 배우고 훈련하는 방식, 기본에 충실한 방식, 학교를 마칠 때까지 테스트를 지속하는 방식 등 다른 많은 방법들보다 효과적이다."

따라서 그토록 많은 사람들이 비디오 게임을 구입하고, 이를 익히기 위해 대학교 한 학기 시간에 해당하는 50~100시간을 투자하는 것이다. 그는 이렇게 덧붙인다.

"아이들은 비디오 게임을 즐기면서 교실에서 배울 때보다 더욱 강력한 학습형태를 경험할 수 있다. 배움은 고립된 사실들을 암기하는 걸 의미하지 않는다. 배움이란 여러 사실들을 연결하고 다루는 일이다."

비디오 게임이 하이컨셉·하이터치 시대에 긴요한 많은 기술들을 향상시킬 수 있다는 연구 결과가 점점 늘어나고 있다. 예를 들어 2003년 〈네이처(Nature)〉에 발표된 한 연구 결과에 따르면 비디오 게임에는 많은 이점이 있다. 시각감지 능력 테스트에서 게임을 하는 사람은 그렇지 않은 사람보다 30퍼센트 더 높은 점수를 기록했다고 한다. 비디오 게임을 즐기면 환경변화를 감지하는 능력과 정보처리 프로세스 능력이 동시에 향상된다.

심지어 의사들의 경우에도 '게임보이(Game Boy)'를 통해 이익을 얻을 수 있다. 연구 결과에 따르면 "1주일에 최소 3시간 비디오 게임을 즐기는 의사들이 복강경 수술 시 37퍼센트 정도 실수를 덜 했으며, 게임을 하지 않는 의사들보다 수술 속도가 27퍼센트 더 빨랐다"

고 한다. 또 다른 연구는 직장 내에서 비디오 게임을 하면 생산성과 직무만족도가 향상됨을 발견했다.

비디오 게임을 통해 패턴의 인식을 필요로 하는 우뇌의 문제 해결 능력이 제고된다는 증거는 또 있다. 비디오 게임의 역할은 패턴을 찾아내고, 관계를 그리며, 큰 그림을 분간하는 조화의 능력과 많은 면에서 비슷하다. 폴 지 교수는 이렇게 강조한다.

"사람들은 모든 요소들이 서로 복합적인 방식으로 상호관계를 맺고 있으며 잘못된 의사결정이 이뤄지면 재난을 초래할 수 있는 복잡한 시스템(예를 들어 현대적 일터, 환경, 국제관계, 사회적 상호 행동, 문화 등)에 관해 깊게 생각하는 법을 배워야 한다."

그런데 컴퓨터와 비디오 게임은 이를 배우는 데 도움이 된다. 게다가 빠르게 성장하고 있는 게임 분야는 '미국의 군대' 같은 슈팅 게임이 아니라, 플레이어가 게임 속 캐릭터의 역할을 맡아 그 인물의 정체성과 시각을 통해 가상세계를 항해하는 '롤플레잉' 게임이다. 시뮬레이션 게임을 경험함으로써 공감 능력을 높일 수 있을 뿐 아니라 우리 생활의 사회적 상호행동을 미리 체험해볼 수 있다.

물론 게임이 완벽한 건 아니다. 게임 플레이와 공격적인 행동 사이에 연관관계가 있음을 주장하는 증거도 나타나고 있다. 그리고 어떤 게임은 완전히 시간낭비다. 하지만 비디오 게임은 자식 걱정에 노심초사하는 부모들이나 가족의 유대를 강조하는 윤리주의자들이 믿는 것보다 더 많은 가치를 갖고 있다. 그리고 게임 플레이어들이 연마하고 있는 재능은 우뇌에 의존하는 시대에 특히 적합하다고 볼 수 있다.

게임은 수백만 명의 취미인 동시에 수만 명의 일터, 특히 양쪽 뇌를 사용하는 새로운 사고방식의 일자리를 제공해주기도 한다. 게임 회사의 한 채용 담당자는 이상적인 인재에 대해 "구분된 좌뇌와 우뇌를 연결할 수 있는 사람"이라고 말한다.

게임 산업은 예술, 프로그래밍, 수학, 인지심리학 분야 사이의 구분에 반대하는 대신 여러 분야의 헝겊들을 모아서 이를 한데 엮어 커다란 벽걸이 융단으로 만들어낼 수 있는 사람, 다시 말해 다양한 분야의 경계를 넘나드는 사람을 선호한다. 그리고 게임 산업이 성숙기에 접어들고 일상적인 프로그래밍 업무가 아시아로 이전됨에 따라 게임 전문가에 대한 요구사항도 달라졌다. 한 게임 칼럼니스트의 주장대로 "게임 산업에서 불고 있는 변화를 보면 장차 코딩 작업자에 대한

"21세기에 유희는 지난 300년에 걸친 산업사회에서 일이 우리의 사고와 행동 그리고 가치창조에서 차지했던 것과 같은 비중을 가진다."

팻 케인(Pat Kane) 저술가

수요는 줄어드는 반면 아티스트, 프로듀서, 스토리텔러, 디자이너에 대한 수요는 늘어날 것"으로 보인다. 어떤 게임 개발자는 "우리는 단순히 코드에 의존하는 시대에서 벗어났다"고 주장한다. 점점 더 예술적인 시대로 접어드는 것이다.

이는 오늘날 많은 예술학교들이 게임 아트 및 디자인 분야의 학위를 수여하고 있는 이유 가운데 하나다. 디지펜공과대학(DigiPen Institute of Technology)이 2년제 비디오 게임 학위과정을 운영하고 있는 것을 두고 〈USA투데이(USA Today)〉는 다음과 같이 쓰고 있다.

"조이스틱에 열광하는 고등학교 졸업생들 사이에서 이 학교는 하버드대나 마찬가지다."

이 학교의 별명은 '동키콩(Donkey Kong, 닌텐도 게임 이름 – 옮긴이)' 대학이다. 서던캘리포니아대학교의 유명한 시네마–텔레비전 스쿨은 게임학과 내에서 미술학 석사학위를 수여하고 있다. 서던캘리포니아대학교에서 게임 디자인을 강의하는 크리스 스웨인(Chris Swain)은 이렇게 말한다.

"서던캘리포니아대학교가 75년 전에 영화 스쿨을 시작할 때만 해도 회의론자들이 많았습니다. 우리는 게임이 21세기의 문학이라고 믿고 있습니다. 아직은 게임을 보면서 그 말의 의미를 찾기는 쉽지 않겠지만, 그러한 징조는 여기저기에서 나타나고 있습니다."

다가오는 시대에서 게임의 중심적 역할이 가장 잘 나타나는 곳은 카네기멜론대학교의 엔터테인먼트테크놀로지센터가 아닐까 싶다. 이곳에서는 카네기멜론 미술대학과 컴퓨터 사이언스 스쿨 사이의 '양쪽 뇌를 모두 활용하는' 협력이 이뤄지고 있다. 카네기멜론대학교는 '좌뇌와 우뇌를 위한 대학원 프로그램'을 표방하는 완전히 새로운 학위를 수여하고 있다. '엔터테인먼트 테크놀로지 석사학위'가 바로 그것이다. 이 과정에서 학생들은 프로그래밍에서부터 비즈니스, 즉 흥극에 이르기까지 모든 것을 배운다.

유머: 큰 그림을 감지하는 능력

게임에 관한 생각을 새롭게 하는 차원에서 내가 '유머 완성하기'라고 이름 붙인 게임을 즐겨보자. 게임의 방법은 이렇다. 내가 먼저 유머의 앞부분, 즉 도입부를 이야기한다. 그러고 나면 여러분은 이어지는 유머 중 적절한 것을 고르면 된다. 준비됐는가?

6월의 어느 토요일, 존은 옆집에 살고 있는 스미스를 만났다. 존이 물었다.
"이봐, 스미스. 오늘 오후에 잔디깎이 사용할 거야?"
스미스가 대답했다.

"음, 그럴 생각이야."

그러자 존이 말했다.

① "오, 그렇다면 잔디를 다 깎고 나서 나 좀 빌려줄 수 있어?"

② "잘 됐네. 그럼 자네 골프채는 내가 빌릴 수 있겠군."

③ "윽!" 존은 땅에 놓여 있던 갈퀴를 밟아 손잡이에 얼굴을 맞았다.

④ "새란 녀석들은 언제나 내 잔디를 뜯어먹는단 말이야!"

몇 번을 골랐는가? 아마도 ②를 선택했을 것이다. 맞다. 이어질 적절한 유머는 ②다. ①은 논리적이긴 하지만 허를 찌르거나 재미있지는 않다. ③은 허를 찌르기는 한다. 하지만 슬랩스틱 코미디 수준의 어탈한 웃음이지 유머의 도입부와 일맥상통하는 점은 없다. ④는 도입부와 좀처럼 연결이 되지 않는다.

이 유머는 나이트클럽이나 TV 코미디 스페셜에서 들은 게 아니다. 1999년 〈브레인(Brain)〉이라는 잡지에 실린 신경과학 연구보고서에서 발췌한 것이다(이 연구는 농담과 뇌 구조의 상호 연관성을 암시하고 있다). 양쪽 뇌가 유머를 처리하는 과정을 살펴보기 위해 신경과학자인 프라비타 샤미(Prabitha Shammi)와 도널드 스투스(Donald Stuss)는 여러 사람들을 상대로 이 '유머 완성하기' 테스트를 실시했다.

온전한 뇌를 가진 통제집단의 사람들은 여러분과 마찬가지로 ②를 골랐다. 하지만 우뇌에 손상을 입은(특히 우측 전두엽을 다친) 환자들로 구성된 실험집단은 대부분 ②를 선택하지 못했다. 대신 이들은 다른 답을 골랐는데, 그중에서도 ③을 고른 사람들이 약간 많았다. 이 테스트를 통해 두 신경과학자는 우뇌가 유머를 이해하고 감상하는 데 필수적인 역할을 한다고 결론 내렸다.

우뇌가 제 기능을 못할 경우, 우리 뇌는 정교하지 못한 코미디를 수용하고 처리하는 데도 문제를 겪는다. 그 이유는 유머의 본질과 우뇌의 특별한 기능에서 찾아볼 수 있다. 유머는 흔히 모순적인 내용을 담고 있다. 유머의 줄거리는 잘 나가다가 갑자기 뭔가 예기치 못한 상황에 맞닥뜨리게 되며 이때 부조화가 발생한다. 그런데 좌뇌는 놀람이나 부조화를 좋아하지 않는다.

'골프채라고?'

좌뇌는 비명을 지른다.

'잔디 깎는 일과 골프채가 무슨 관련이 있을까? 이건 도저히 말이 안 돼.'

따라서 은유와 비언어적 표현에 맞닥뜨렸을 때와 마찬가지로 좌뇌는 동반자인 우뇌에 도움을 요청한다. 이 경우에는 새로운 방식으로 말의 의미를 이해함으로써 부조화를 해결한다.

'잘 들어봐.'

우뇌가 설명한다.

‘존이 스미스에게 술수를 쓰고 있는 거라고, 하하하!’

그러나 농담을 좋아하는 부조화의 해결사 우뇌가 장애를 겪게 되면 유머를 이해하는 데 큰 어려움을 겪는다. 효과적인 유머의 연쇄반응이 일어나지 못한 채 부조화 속에서 혼란스러움에 휩싸이고 마는 것이다.

이처럼 농담을 즐길 수 있는 특별한 능력은 여러 의미를 갖고 있다. 이 테스트는 또 다른 과학적 수수께끼에도 해답의 실마리를 제공한다. 남성들 대부분은 ‘세 바보(Three Stooges)’ 시리즈를 재미있다고 여겼는데 여성들은 그렇지 않았다. 앞에서 ‘남성의 뇌’는 흔히 우뇌가 제 기능을 하지 못하는 경우라고 말했다. 앞의 ‘유머 완성하기’ 실험에서 우뇌에 손상을 입은 환자들은 슬랩스틱 유머인 ③을 선호하는 경향을 나타냈다. ‘세 바보’는 슬랩스틱 코미디다. 남성들이 이를 재미있어 하는 이유가 여기에 있다.

샤미와 스투스는 또한 유머가 가장 고차원적인 인간의 지성 중 하나라고 주장한다.

“이런 조사는 암시하는 바가 큽니다. 우측 전두엽은 뇌에서 가장 조용한 부위로 알려져왔지요. 그런데 이곳은 우리 뇌에서 특히 중요하다고 할 수 있습니다. 인간이 정신적 기능을 수행하는 데 가장 결정적이며 가장 진화된 부위이니까요.”

유머는 우뇌의 가장 강력한 특질, 즉 상황을 앞뒤 정황과 연결하는 능력, 큰 그림을 보는 능력, 서로 다른 견해들을 새롭게 결합해 정렬하는 능력을 아우른다. 따라서 업무를 수행할 때 유머의 이러한 측면은 더욱 더 가치를 갖는다. 〈하버드비즈니스리뷰(Harvard Business Review)〉의 파비오 살라(Fabio Sala)는 다음과 같이 쓰고 있다.

"많은 연구조사자들에 의해 수행된 40년 이상의 연구 결과를 통해 다음과 같은 상식을 확인할 수 있다. 유머는 기술적으로 사용되면 기업경영의 윤활유가 된다. 유머는 적개심을 줄여주고, 비판을 비껴가게 하며, 긴장을 완화시키고, 사기를 높이며, 어려운 메시지의 의사소통을 도와준다."

연구 결과에 따르면 높은 성과를 보이는 관리자들은 여느 관리자들보다 유머를 2배 가까이 자주 사용하고 있다. 살라는 이렇게 덧붙인다.

"자연스럽게 유머를 사용하는 재능은 높은 감성지수를 갖고 있음을 나타내며, 넓은 의미에서 경영에 필요한 특질이라 할 수 있는 감성과 효과적으로 조화를 이룬다."

유머는 물론 조직 내에서 변덕스런 모습을 보이기도 한다. 데이빗 콜린슨은 다음과 같이 주장한다.

"유머를 양산하려는 시도는 실제로 이를 억압할 수 있습니다. 반면에 익살을 억제하려고 들면 오히려 익살이 잡초처럼 자라날 수도 있지요."

유머는 여러 가지 부작용을 일으키기도 한다. 예컨대 네거티브 유머는 특히 해롭다. 조직에 상처를 내고 치유하기 어려운 흠집을 내서

분열을 야기하기도 한다. 콜린스의 말을 더 들어보자.

"언제나 사회적 응집력의 원천으로 작용한다는 인식과는 완전히 다르게 유머는 직장 내 분열, 긴장, 충돌, 권력 불균형, 불평등을 반영하고 조장할 수 있습니다."

하지만 좀 더 센스 있게 사용된다면 유머는 조직에 만병통치약으로 활용될 수 있다. 콜린슨은 또 이렇게 말한다.

"직장 내에서 오가는 유머는 경영진, 조직 문화, 조직 갈등 등 기업의 여러 가지 사정을 치밀하게 준비한 공식적인 조사보다 어쩌면 더 많이 드러낼 수 있다."

〈하버드비즈니스리뷰〉의 편집자 토머스 스튜어트 주니어(Thomas Stewart, Jr.)는 감사기관이 그 부정을 알아차리기 훨씬 전부터 엔론 (Enron, 2001년 파산한 미국의 에너지 기업-옮긴이) 내의 수상한 거래를 풍자하는 유머가 널리 퍼져 있었다는 사실을 발견했다. 그는 이를 근거로 기업 내 유머가 그 기업의 상황을 가늠해볼 수 있는 훌륭한 수단이라고 말했다.

"유머를 좋아하는 명랑한 태도는 창조적인 사람의 특징이다."
미하이 칙센트미하이(MihalyiCsikszentmihalyi) 심리학자

동료들과 음료를 마시거나 점심을 함께 하면서 농담과 웃음을 나
눈다면 조직 내에서 응집력으로 작용할 수 있다. 기업은 포드자동차
가 지난 세기에 그랬던 것처럼 농담과 웃음을 규제할 것이 아니라 유
머 감각을 자산으로 여기고 장려해야 한다. 이제는 유머를 단순한 오
락의 지위에서 구해낼 시점이다. 유머가 컴퓨터에 의해 대체될 수 없
는, 하이컨셉·하이터치 시대에 점점 가치를 더해가는 정교하면서도
특별한 인간 능력임을 깨달아야 할 것이다.

즐거움: 최고의 명약, 웃음

인도에서는 모든 일과가 늘 조금씩 늦게 시작된다. 하지만 웃음클럽
의 경우는 예외다. 아침 6시 30분 정각, 키리 아가라왈(Kiri Agarawal)
이 호루라기를 불자 43명의 사람들(카타리아 박사와 그의 아내 마드후리
그리고 나를 포함해)이 느슨한 반원을 그리며 모여들었다. 아가라왈이
잠시 뜸을 들인 뒤 우리는 박수를 치면서 걸어갔다. 동시에 소리를
맞춰 "으하하하, 오호호호, 으하하하" 하고 계속해서 크게 웃었다.

우리가 모인 장소는 뭄바이 북서쪽 주택 지역에 자리한 카타리아
박사 집 근처 프라보단스포츠센터였다. 그곳은 부서질 듯한 콘크리
트 벽으로 둘러싸인 진흙 축구장과 갈라진 육상 트랙을 갖추고 있었

힌두교도식 웃음법

다. 그후 40분에 걸쳐 나는 예전에 해보지 않았던 행동을, 그것도 공개된 장소에서 낯선 사람들과 함께했다. 그리고 웃음클럽의 다른 멤버들과 함께 유연 체조 비슷한 운동을 했다.

제일 처음에 한 건 일명 '힌두교도식 웃음'이었다. 우리는 손바닥을 마주하고 얼굴 앞쪽으로 기도하듯 모은 뒤 전통 힌두교식 인사를 나누며 다른 참가자들을 응시하다가, 웃었다. 내게는 쉽지 않은 일이었다. 속에서 우러난 웃음은 앞에서 소개한 내 사진 속 꾸며낸 웃음보다 훨씬 어려웠다. 그래서 나는 그저 "하, 하, 하, 하, 하" 하고 외쳐대기만 했다. 그러자 뭔가 이상한 일이 벌어졌다. 내 억지웃음이 점점 자연스럽게 느껴지기 시작하더니 이윽고 다른 사람들의 웃음이 내 웃음에 상승효과를 주는 게 아닌가!

잠시 후에는 '그냥 웃기'라고 불리는 훈련이 시작됐다. 나는 청바지에 다이아몬드 귀걸이 장식 그리고 '생각은 크게, 웃음은 가까이'라고 적힌 티셔츠를 입은 카타리아의 지도에 따랐다. 그는 손바닥을 위로 올린 채 원 안을 돌아다니면서 다음과 말을 되풀이해서 외쳤다.

"나는 내가 왜 웃는지 모릅니다!"

나도 따라했다. 웃음 덕분에 카타리아 박사는 다른 세상 사람이 된 듯했다. 이렇게 각자 웃고 난 다음 우리는 "으하하하, 오호호호" 웃는 대신 1분 동안 일정한 리듬과 박자에 맞춰 박수를 쳤다. 그날의 경험은 신기하면서도 활력을 가져다줬다. 사람들은 아무 말 없이 손을 위로 올린 채 사자가 포효하는 듯한 우렁찬 목소리로 껄껄 웃어젖히는 신기한 광경을 체험했던 것이다.

애초에 나는 아무런 이유 없이 웃는다는 것에 회의적이었다. 하지만 웃음은 분명 기분을 좋게 만들고 사람들의 기운을 돋우는 데 뚜렷한 효과가 있었다. 나중에 우리가 카타리아 박사의 사무실로 돌아왔을 때, 그는 웃음이 자신의 삶에 어떤 의미를 주고 있는지 설명했다. 그는 펀자브 주 작은 마을에서 8남매 중 막내로 태어났다. 그의 부모는 교육을 받지 못했지만 어머니는 카타리아가 의사가 되기를 원했다고 한다. 그는 결국 의과대학에 입학했다. 그후 내과의사가 되어 뭄바이 인근을 돌아다니며 진료 활동을 벌였다고 한다.

1990년대 초에 그는 환자들을 돌보는 한편 건강 잡지 〈마이닥터(My Doctor)〉를 발간했다. 그는 잘 웃는 환자들이 더 빨리 회복한다는 사실에 주목하면서 '웃음, 최고의 명약' 이라는 제목의 글을 발표하기도 했다.

"웃음이 좋으니 내가 웃음클럽을 시작한 것 아니겠습니까?"

그가 말했다.

"1995년 3월 13일 새벽 4시경에 불현듯 이 아이디어가 떠올랐어요. 그리고 3시간 만에 나는 공원으로 가서 사람들을 붙잡고 나와 함께 웃음클럽에서 웃어보지 않겠느냐고 물었죠."

당시 그의 제안을 받아들인 사람은 고작 4명뿐이었다. 그는 이들에게 웃음의 효과에 대해 설명했다. 이들은 서로 농담을 주고받으며 즐거운 기분을 만끽했다. 그리고 이튿날에도 같은 일을 반복했다. 그런데 10일째에 이르러 걸림돌에 부딪혔다. 주고받을 농담과 유머가 바닥난 것이다. 카타리아는 난감했다. 하지만 그는 웃기 위해 반드시 농담이 필요한 것은 아니라는 사실을 곧 깨달았다. 그는 요가 선생인

"웃음을 아끼는 자는 승리하지 못한다."

헬렌 지안그레고리오(Helen Giangregorio)

아내에게 웃음 훈련 동작을 만들어보자고 제안했다.

"요가호흡에 웃음을 결합해 '웃음 요가'를 만들면 어떨까?"

그리하여 마침내 새로운 동작이 탄생했다.

"내가 만일 의사가 아니었다면 사람들은 나를 비웃었겠지요."

그는 머리를 뒤로 한껏 젖히며 웃어 보였다.

카타리아에게 유머는 웃음의 전제조건이 아니다. 그가 만든 클럽의 목적은 '생각 없는' 웃음이다.

"웃을 때는 생각이 자리 잡지 않습니다. 이는 우리가 명상으로 얻고자 하는 목표와 일맥상통하지요."

명상에 잠긴 마음은 즐거움으로 향한다. 즐거움은 행복과는 다르다고 카타리아는 설명한다. 행복은 조건적이지만 즐거움은 무조건적이다.

"당신이 웃기 위해 다른 어떤 것에 의존한다면, 그 웃음은 당신의 것이 아니에요. 그것은 조건적인 웃음입니다. 하지만 웃음클럽에서는 웃음의 원천이 우리 외부에 있지 않습니다. 바로 우리 내부에 있습니다."

카타리아는 유머를 제대로 이해하지 못하는 갓난아기 때부터 인간은 웃는다는 사실을 지적했다. 실제로 어린아이들은 하루에 백 번 이상 웃는다. 하지만 어른들은 열 번도 채 웃지 않는다. 그는 많은 사람들이 함께 모여 요가식 웃음을 주고받으면 조건부 행복에서 무조건적인 즐거움으로 옮아가는 데 도움이 된다고 말한다.

"사람들이 천진난만한 어린이처럼 놀며 즐거워할 수 있도록 돕고 싶습니다."

웃음의 미덕에 관한 카타리아의 주장을 과학적으로 뒷받침하는 내용 또한 많다. 로마린다 의과대학 리 버크(Lee Berk) 교수의 연구에 따르면 웃음은 스트레스 호르몬을 줄여주고 면역 시스템을 강화한다. 신경과학자 로버트 프로빈(Robert Provine)의 저서 《웃음: 과학적 조사(Laghter: A Scientific Investigation)》는 웃음에 관한 인류학적 · 생물학적 조사 내용을 담고 있다. 이 책에서 그는 다음과 같이 말했다.

"유머와 웃음이 지닌 진통효과를 입증하는 과학적 증거들이 완만하지만, 지속적으로 나타나고 있다."

게다가 웃음은 산소공급 측면에서도 이롭다고 할 수 있다. 웃음은 심장혈관 시스템을 활성화하고, 박동 수를 늘리며, 신체장기들에 더 많은 피를 공급한다. 프로빈은 또 이렇게 말했다.

"웃음연구가 윌리엄 프라이의 조사에 따르면, 집에서 노 젓기 운동 기구로 10분 동안 운동할 경우 도달하는 심장박동 수를 진실한 웃음으로는 단 1분 만에 도달할 수 있다."

그런데 무엇보다 중요한 것은 웃음이 '사회적 활동'이라는 사실이다. 그리고 다른 사람들과 정기적으로 만족스러운 관계를 유지하고 있는 사람들은 좀 더 건강하고 행복한 삶을 누리고 있다는 증거들이

웃음은 하이터치의 주요한 키워드다

곳곳에서 나타나고 있다. 프로빈은 이렇게 덧붙였다.

"웃음은 우스운 이야기보다는 사람 사이의 관계와 더 많은 관련이 있다."

혼자 있을 때 우리는 좀처럼 웃지 않는다. 하지만 다른 사람이 옆에서 낄낄거리며 웃을 경우에는 나도 웃지 않을 수 없다. 웃음이란 공감을 전달하는 비언어적 의사소통 형식이다. 심지어 하품보다도 전염성이 높다. 이런 이유로 카타리아는 스트레스를 가장 많이 받는 직장으로 웃음클럽이 전파되어야 한다고 주장한다.

"웃음은 직장 내에서 스트레스를 줄여주는 데 큰 역할을 할 수 있습니다. 기업가들은 진지한 사람들이 더 책임감이 높다고 생각합니다. 그러나 이는 낡은 생각이며 사실이 아닙니다. 웃는 사람은 창의력과 생산성이 더 높습니다. 다른 사람과 함께 웃는 사람은 일도 잘할 수 있는 사람입니다."

카타리아의 메시지를 잘 이해한 글락소(Glaxo)와 볼보(Volvo) 같은 기업들은 사내에 웃음클럽을 조직했다. 그리고 카타리아가 훈련시킨 사람이자 자칭 '웃음 요가사'라는 스티브 윌슨은 웃음클럽의 메시지를 미국에 전파했다. 카타리아는 말한다.

"기업마다 사내에 웃음실을 마련해야 합니다. 흡연실도 있는데 웃음실이라고 있지 말란 법 있습니까?'

나는 IBM에 조만간 웃음실이 설치될 거라고는 생각지 않는다. 하지만 풍요의 시대에 좌뇌가 하지 못하는 뭔가를 웃음이 할 수 있는 것만은 확실하다. 좀 더 넓게 생각해볼 때 오늘날 유희 규칙은 업무 규칙을 더욱 공고하게 만들고 더욱 품위 있게 만들 것이다. 게임 산업은 새로운 마인드를 갖춘 고객과 창작자들의 힘으로 번성하고 있다. 유머는 자동화와 아웃소싱의 시대가 요구하는 정교한 사고의 여러 측면 중 하나를 반영한다. 그리고 단순히 웃음만으로도 즐거움에 도달할 수 있으며, 이를 통해 창의성·생산성·협동성이 향상될 수 있다.

아침식사를 끝내고 시간이 정오를 향해 가고 있던 무렵 카타리아는 내게 다음과 같이 말했다.

"웃음은 결코 수학으로 설명될 수 없습니다. 2 더하기 2는 4가 되는 식이 아닙니다. 웃음을 통해 2 더하기 2는 64가 될 수 있습니다."

그리고 그는 크게 웃었다.

의미
우리를 살아있게 하는 원동력

1942년 초겨울, 오스트리아 당국은 수백 명의 유태인을 체포했다. 그 중에는 빅터 프랭클(Viktor Frankl)이라는 젊은 심리학자도 있었다. 당시 빅터는 새로운 정신적 웰빙 이론을 개발해 심리학 분야에서 각별하게 주목받는 인물이었다.

그와 그의 아내 틸리는 곧 체포될 것을 예상해 당시 그들에게 가장 중요한 물건을 숨기느라고 고심했다. 경찰들이 집으로 들이닥치기 직전, 틸리는 빅터의 코트 내피 속에 그가 쓴 원고를 숨긴 다음 꿰맸다. 이들 부부가 아우슈비츠에 끌려갈 때 빅터는 그 코트를 입고 있었다. 하지만 수용소에서의 첫날이 지나자 SS(나치 친위대) 요원들은 그들을 발가벗겨 모든 옷과 소지품을 압수했다.

때문에 빅터는 그후 자신의 원고를 두 번 다시 볼 수 없었다. 아우슈비츠와 다카우에서 지내는 3년 동안, 아내와 형제, 부모 모두 가스실에서 쓰러져가는 동안, 빅터는 몰래 훔쳐온 종잇조각에 원고를 다시 쓰기 시작했다. 이윽고 연합군이 강제수용소를 해산시킨 이듬해인 1946년, 이 쭈글쭈글한 종잇조각들에 적혀 있던 원고가 출간됐다. 바로 20세기 가장 큰 반향을 몰고 온 책 《삶의 의미를 찾아서(Man's Search for Meaning)》였다.

이 책에서 빅터는 자신이 어떻게 힘든 노역과 가학적인 간수들, 형편없는 음식들을 견뎌냈는지 담담히 서술하고 있다. 하지만 이 책은 생존을 이야기하는 것 이상의 내용을 담고 있다. 《삶의 의미를 찾아서》는 인간 영혼으로 향하는 창(窓)이자 의미 있는 삶의 안내서이다. 수용소에서 자기 자신의 경험은 물론 동료 수감자들의 정신 상태를 관찰하면서 빅터는 체포되기 전부터 시작했던 자신의 이론을 더욱 가다듬었다. 그는 이렇게 말했다.

"사람의 주된 관심사는 즐거움을 얻거나 고통을 피하는 데 있는 게 아니라, 삶의 의미를 찾는 데 있다."

우리는 의미를 추구하면서 기본적인 원동력(인간 실존에 힘을 부여하는 동력원)을 얻는다. 빅터의 접근법(일명 'logothrapy'라고 불리는데, 여기서 'logo'는 그리스어로 '의미'를 뜻한다)은 심리치료에 있어 급속한 영향력을 발휘하기에 이르렀다. 빅터와 유태인들은 상상하기 어려운 극악한 환경의 강제수용소에서도 삶의 의미와 목적을 찾고자 노력했다. 이 책에서 내가 가장 좋아하는 글귀 중 하나는 다음과 같다.

"이 세상에서 더 이상 빼앗길 게 없는 사람일지라도, 사랑하는 사람들을 떠올리며 잠깐이라도 행복을 느낄 수 있다는 걸 깨달았다."

그는 고통 속에서도 의미를 생각할 수 있음을 보여줬다. 진정 그 의미는 고통 속에서 자라날 수도 있다. 하지만 그는 고통이 의미를 발견하는 데 전제조건은 아니라는 점도 강조했다. 의미의 추구는 우리를 살게 하는 원동력이다. 또한 외부 환경과 내부 의지가 결합돼 외부로 표출될 수도 있다.

이 마지막 요점이 이 책의 핵심인 동시에 오늘날의 세상에 어울리는 요체다. 21세기에 들어선 현 시대는 몇 가지 요인이 한데 어우러져 과거 어느 때보다 의미를 추구하는 삶을 살아갈 수 있는 환경이 조

"인간은 선천적으로 쾌락보다는 의미를 추구한다. 그 쾌락의 의미가 깊이 개입돼 있지 않는 한 그렇다."

제이콥 니들먼(Jacob Needleman) 저술가

성됐다. 일단 대부분의 사람들은 빈곤의 고통에서 벗어나게 됐다(물론 빈곤 문제는 여전히 존재한다. 그리고 이를 해결하기 위해 더욱 노력해야 할 것이다. 이 문장 때문에 내게 이메일을 보내지는 말았으면 한다. 그런 의미가 아니기 때문이다. 대부분의 사람들이 비교적 좋은 물질적 환경에 놓여있음을 말한 것이다).

우리는 과거 어느 때와도 비교할 수 없는 높은 생활수준의 시대에 살고 있다. 생존투쟁에서 벗어나 우리는 더욱 풍요로운 삶의 의미를 찾아 헌신할 수 있게 됐다. 빅터와 그의 동료 수감자들이 아우슈비츠에서 삶의 의미를 추구했다면, 풍요로운 삶을 살고 있는 우리 또한 어느 곳에서나 삶의 의미를 발견할 수 있을 것이다.

그밖에 또 다른 요인들도 있다. 베이비붐 세대는 인구통계학적으로 이정표가 될 만한 시기에 도달했다. 베이비붐 세대는 앞으로 살아갈 날이 지금껏 지내온 날보다 적기에, 정신적인 것을 더욱 추구하며 삶의 우선순위를 재정립하고 있다. 한편 기술은 가차없이 데이터를 쏟아내 계속해서 우리를 과다한 선택에 잠겨버리도록 만들고 있다. 이러한 모든 요인은 의미를 추구하게 만드는 이상적인 환경을 조성하고 있다. 의미의 발견은 하이컨셉·하이터치 시대에 필요한 여섯 번째 재능으로 떠올랐다.

앞에서 언급한 로버트 W. 포겔은 이 순간을 '네 번째 큰 자각'이라고 불렀다.

"정신적인 불평등은 이제 물질적 불평등만큼이나, 아니 어쩌면 그보다 더 큰 문제가 됐다."

이는 반세기 전 빅터의 주장과 일맥상통한다.

"무엇으로 살 것인가의 문제는 해결됐지만, 무엇을 위해 살 것인가는 해결되지 못했다. 삶의 수단은 있으나 삶의 목적은 없다."

미시건대학교의 유명한 정치과학자 로널드 잉글하트(Ronald Ingelehart)는 10여 개 국가에서 대중의 의견을 취합해 비교한 뒤 사람들에게 비슷한 욕망이 있음을 감지했다. 그는 세계인들을 상대로 가치에 관한 조사를 할 때마다 응답자들이 삶의 의미와 목적에 대해 큰 관심을 드러낸다는 사실을 발견했다.

예를 들어 최근 미국인들을 대상으로 한 조사에 따르면, 응답자 중 58퍼센트는 삶의 의미와 목적에 대해서 자주 생각한다고 대답했다. 이보다 낮기는 하지만 독일·영국·일본인들을 대상으로 한 조사에서도 상당수 사람들이 똑같은 반응을 보였다. 잉글하트는 세계가 완만한 변화의 한가운데에 있다고 믿었다.

"물질주의의 시대적 가치(경제적·물질적 안정을 최우선으로 여김)에서 '후기 물질주의'의 시대적 가치(자기표현과 삶의 질을 강조)로 서서히 이동하고 있다."

미국의 저널리스트 그렉 이스터브룩(Gregg Easterbrook)도 이 주제에 대해 놀라운 통찰력을 보였다.

"물질에 대한 욕구에서 삶의 가치에 대한 욕구로의 이동은 역사상 가장 큰 규모(수십억 인구가 관여하는)로 진행되고 있으며 우리 시대에 가장 주된 문화적 발전으로 인식될 것이다."

우리가 이를 '네 번째 큰 자각'이라 부르든 '후기 물질주의'라 부르든 '의미의 추구'라고 부르든 간에 결론은 하나다. 의미가 우리의 생활과 일에서 중심이 됐다는 사실이다. 물론 의미를 추구한다는 것은 쉬운 일이 아니다. 요리책을 사서 거기 적혀 있는 요리법대로 밀가루와 소금을 넣고 반죽함으로써 해결할 수 있는 문제가 아니다. 하지만 개인·가정·기업이 모두 의미를 찾기 시작하는 데 있어 실제적이고 양쪽 뇌를 모두 활용하는 새로운 사고의 방식이 2가지 있다. 하나는 정신적인 가치를 진지하게 고려하는 것이고, 다른 하나는 행복에 대해 진지하게 생각해보는 것이다.

정신적 가치의 추구

히말라야 지방 사람의 옷차림을 하고 붉은 운동화를 신은 자그마한 사람이 마지막으로 무대에 올랐다. 그가 연단에 모습을 드러내자 청중들은 조용히 일어나서 경의를 표했다. 그는 행복이 충만한 미소로 사람들을 맞았으며, 그를 위해 마련된 의자에 다리를 포개고 앉았다.

나는 그를 만나기 위해 MIT 캠퍼스 강당에 운집한 1,300명 틈에 끼어 그를 기다렸다. 나뿐 아니라 리처드 기어(Richard Gere)와 골디 혼(Goldie Hawn) 등의 유명인은 물론 모든 사람들이 합장을 하거나 자리에서 일어나 존경의 예를 표했다.

그는 바로 14대 달라이 라마 텐진 갸초(Tenzin Gyatso)였다. 노벨 평화상 수상자이자 티베트 망명정부 지도자이며, 세계에서 가장 영향력 있는 정신적 지도자 중 한 사람이다. 그를 만나기 위해 다음날 보스턴 플리트센터에도 1만 3,000명이 운집했다. 달라이 라마가 MIT에 무슨 일로 온 것일까?

그는 과학이 불교에서 무엇을 배울 수 있고, 불교는 과학에서 무엇을 배울 수 있는지에 관해 이틀간 열리는 '정신의 탐구(Investigating the Mind)' 컨퍼런스 참석차 온 것이었다. 이틀 동안 오전과 오후 내내 연단에는 전문가답게 차려입은 과학자들 그리고 붉은색과 선황색 옷을 입은 승려들이 자리를 지키고 있었다. 이들의 모습은 왜 정신적인 것과 물질적인 것 사이의 벽을 허물어야 하며, 좌뇌와 우뇌가 중간에서 만나야 하는지를 시각적으로 생생히 묘사하고 있는 듯 보였다.

15년 전 달라이 라마는 과학자들을 인도 다람살라에 있는 자신의 집으로 초청했다. 그는 과학자들이 우리 뇌에 대해 깨우치고 있는 사실에 흥미를 가졌으며, 과학자들은 명상과 정신적 초월 측면에서 초인적인 능력을 개발한 사람의 뇌에서는 어떤 일이 벌어지고 있는지 궁금해 했다. 그후 15년에 걸쳐 위스콘신대학교의 리처드 데이비슨 (Richard Davidson) 같은 과학자들은 MRI를 통해 이들 승려의 '명상하는 뇌' 이미지를 입수했다. 그리고 사람의 감정과 주의력, 상상력을 비롯해 기타 정신적인 능력에 대한 이해를 얻기 시작했다.

원래 분자생물학자였던 마티유 리카르(Mathieu Ricard) 같은 승려들은 정신작용과 영혼의 본질을 이해하기 위해 과학논문을 읽었다. 내가 참석했던 모임은 많은 인원들이 참여한 대중적인 집회로서는 처음 열리는 것이었다. 컨퍼런스 행사가 시작되기 전에 달라이 라마는 우리에게 다음과 같이 말했다.

"과학과 불교는 비슷한 점이 많습니다. 왜냐하면 과학과 불교는 진실의 본질에 대해 탐구하며 인류의 고통을 덜기 위한 목적을 갖고 있기 때문입니다."

컨퍼런스에서 많은 말이 오가고 미래의 연구계획이 논의됐다. 하

"삶의 진정한 목적은 행복을 찾기 위한 것이라고 생각한다. 종교가 있는 사람이든 그렇지 않은 사람이든, 우리는 모두 더 나은 삶을 찾는다. 그러므로 우리 삶의 모습은 행복을 향하고 있다고 생각한다."

달라이 라마(Dalai Lama)

지만 이보다 중요한 것은 MIT가 정신적인 것을 진지하게 생각하고 있다는 사실 그 자체일 것이다. 유명한 분자생물학자 에릭 랜더(Eric Lander)는 청중에게 "과학은 세계를 이해하는 한 가지 수단일 뿐"이라고 설명했다. 정신적인 것(종교적인 것뿐 아니라 삶의 의미와 목적에 좀 더 폭넓게 관계된)이 인간 생활환경의 기초적인 부분이라는 인식이 여러 분야에서 자리 잡고 있다. 실제로 우리의 뇌 속에는 믿음(종교에 국한된 것이 아니라 우리 자신들보다 크고 초월적인 것에 대한)의 능력이 내재되어 있다.

그리고 그 내재적 능력은 우뇌의 작용에 따르는 것으로 보인다. 예를 들어 캐나다 온타리오의 로렌시안대학교 신경과학자 마이클 퍼싱어(Michael Persinger)는 '신의 헬멧(God's helmet)'이라고 불리는 장치를 이용해 실험을 했다. 퍼싱어는 피실험자의 머리에 헬멧을 고정시키고는, 그의 우뇌에 약한 전자기파를 쏘았다. 이러한 장치를 경험한 사람들은 대부분 신의 존재를 느끼거나 우주와의 일체감을 경험했다고 주장한다. 따라서 퍼싱어는 영적이고 초자연적인 사고와 경험이 신경생리학적 현상의 일부라고 발표했다.

한편 펜실베이니아대학교의 앤드류 뉴버그(Andrew Newberg) 교수는 종교적 무아의 경지와 신(神)과의 관계를 밝혀내고자 묵상 중인 수녀의 뇌를 촬영했다. 촬영한 이미지를 통해 종교적 몰입의 순간에는 우리 뇌에서 자아인식을 관장하는 부위의 활동이 줄어든다는 점이 확인됐다. 이들을 비롯해 이와 비슷한 연구를 하는 학자들의 조사를 통해 뇌와 영적인 경험 사이의 관계를 탐구하는 새로운 '신경신학 (neurotheology)' 이라는 분야가 생겨나기에 이르렀다. 캘리포니아공과대학교의 신경과학자 스티븐 쿼츠(Steven Quartz)는 이렇게 말한다.

"생물학적 구조에 대한 연구를 통해 인간이 일관성과 목적의식을 열망하는 사회적 창조물이라는 사실이 더욱 확실하게 드러났습니다."

최소한 "정신적인 가치가 우리의 삶을 향상시킨다"는 현재까지 드러난 사실만으로도 우리가 정신적인 가치를 신중히 고려해야 할 충분한 이유가 된다. 예컨대 일부 현대생활의 병폐(스트레스나 심장질환 등)는 정신적 가치의 추구를 통해 줄어들 수 있다. 듀크대학교의 조사에 따르면 정기적으로 기도를 하는 사람들은 그렇지 않은 사람들보다 평균적으로 혈압이 낮다. 존스홉킨스대학교 연구자들은 종교생활을 하면 심장질환, 자살 그리고 일부 암에 따른 사망률이 줄어든다는 사실을 발견했다. 또 다른 연구는 삶의 의미와 목적을 중시하는 여성들에게 바이러스와 일부 암세포를 공격하는 세포의 수가 많다는 것을 증명했다.

이뿐 아니다. 삶에 좀 더 높은 목적이 있다는 믿음은 심장질환에 대한 일부 완충효과를 보인다는 연구 결과도 있다. 다트머스대학교의 연구에 따르면 심장 절개 수술을 받은 환자가 생존하느냐의 여부를 예측하는 요소 중 하나는 그 환자가 얼마나 믿음을 갖고 기도를 하느냐에 있다. 더 놀라운 것은 생물학적·행동과학적 차이를 감안하더라도 교회(또는 사찰이나 회교 예배당 등)에 정기적으로 다니는 사람은 그렇지 않은 사람보다 일반적으로 더 오래 산다는 사실이다.

이 부분은 다루기 까다롭고 논쟁거리가 될 수 있는 주제다. 수많은 돌팔이 의사들이 신앙의 힘을 이용해 환자를 치료하고 병약자를 낫게 할 수 있다고 떠벌리기 때문이기도 하다. 만약 암과 싸우거나 부러진 뼈를 고치기 위해 오로지 정신적인 것에만 의존한다면 불행한 결과를 맞게 될 것이다. 하지만 좌뇌의 이성과 우뇌의 정신을 결합하는 전인적인 접근법은 분명 효과가 있다.

미국 의과대학의 절반 이상은 현재 영적인 것이 건강에 미치는 영향에 대한 강좌를 개설해놓고 있다. 〈뉴스위크〉 보도에 따르면 "미국인 중 72퍼센트는 자신들의 의사와 신앙에 대해 대화를 나누는 것을 환영"한다. 그래서 일부 의사들은 환자들에게 '정신적인 면에서의 개인의 사정'을 묻기 시작했다. 다시 말해 환자가 종교에서 위로를 구하고 있는지, 신앙 그룹에 참여하고 있는지, 삶에서 좀 더 깊은 의미를 생각하고 있는지 등을 묻는 것이다.

물론 이는 예민한 주제가 될 수 있다. 하지만 듀크대학교 헤럴드 커닝(Harold Koenig) 박사는 〈종교뉴스서비스(Religion News Service)〉와의 인터뷰에서 다음과 같이 말했다.

"우리는 20년 전 의사들이 환자들에게 성생활을 묻는 것과 비슷한 입장에 처해 있습니다."

커닝 박사는 미국 의사들 중 약 5~10퍼센트가 환자들에게 이 같은 질문을 하고 있다고 추정했다. 그리고 '이야기 치료'와 마찬가지로 질병치료에 정신적인 면을 결합하는 것은, 환자를 특정 질병에 걸려 있는 대상이 아니라 전인적인 대상으로 바라보려는 의학계의 커다란 트렌드를 반영한다고 볼 수 있다.

정신적인 면을 중시하는 추세를 보이는 또 다른 영역은 비즈니스 분야다. 하이컨셉·하이터치 시대가 '후기 물질주의적 가치'로 충만하고 '의미의 추구'가 심화된 시대라면, 지구상에서 변화의 흐름을 가장 빨리 받아들이고 있다고 할 수 있는 비즈니스계가 이에 반응하지 않을 리 없다.

5년 전 서던캘리포니아대학교 마셜 경영대학원 교수인 이안 미트로프(Ian Mitroff)와 컨설턴트 엘리자베스 덴턴(Elizabeth Denton)이 《미국 주식회사의 정신적 가치에 대한 회계보고서(A Spiritual Audit of Corporate America)》라는 책을 펴냈다. 직장에서의 정신적 가치에 대해 100명에 가까운 경영자들을 인터뷰한 뒤 이들은 놀라운 결론에 도달했다. 대부분의 경영자들은 '정신적인 가치'를 상당히 비슷한 방식으로 규정하고 있었다. 다름 아닌 '삶의 목적과 의미를 찾으려는 기본적인 욕구'라는 것이었다. 하지만 이들 경영자는 직장에서 이러한 주제를 논할 경우 다양한 종교를 가진 직원들에게 불필요한 오해를 줄 수 있기에, 완곡한 표현과 신중한 언어를 선택했다.

한편 미트로프와 덴턴은 직원들이 정신적 가치를 일터에 접목시키려는 열망은 있으나 그러한 행동을 불편하게 느낀다는 사실을 발견했다. 이 정신적 흐름이 제대로 처리될 수 있다면 기업에 이익이 될 것이다. 미트로프와 덴턴은 정신적인 가치를 잘 이해하고 이를 기업목표와 효과적으로 연계시키는 기업은 그렇지 못한 기업보다 높은 실적을 보인다는 사실을 알게 됐다. 달리 말해 정신적인 가치를 일터에 접목시키면 기업목표에 좀 더 집중하는 데 도움이 된다는 것이다.

이러한 현상이 심화되면서 돈 못지않게 의미를 제공하는 직장을 선호하는 사람들이 늘고 있다. 이에 맞춰 정신적인 가치에 주목하는 기업들도 늘어날 것으로 보인다. 최근 한 조사에 따르면 성인 5명 중 3명 이상은 정신적인 면이 고취되면 작업능률이 향상될 것이라고 대답했다. 마찬가지로 영국의 로피파크(Roffey Park) 설문조사에 따르면 응답자 중 70퍼센트가 좀 더 의미 있는 직장생활을 하고 싶다고 대답했다. 그리고 지난 몇 년 동안 직장 내에서 정신적인 수양을 목적으로 한 모임이 늘어나고, '기업 내 영성 컨퍼런스' 같은 행사가 개최되고 있다. 또한 정신적인 가치를 추구하는 트렌드에 힘입어 관련 산업이 부상하는 것을 목격할 수 있다. 요가교습소가 늘어나고, 유기농 음식 재료를 파는 가게들이 급증하며, 도요타 프리우스에서부터 바디샵 화장품에 이르기까지 '그린' 상품이 넘쳐나는 건 또 어떤가.

〈포브스(Forbes)〉의 발행인 리치 칼가드(Rich Karlgaard)는 이를 두고 '차세대 비즈니스 물결'이라고 표현했다. 먼저 1990년대에는 품질혁명이 있었다. 그후 칼가드가 '염가혁명'이라고 이름 붙인 비즈니스 물결이 있었다. 그 결과 상품의 원가를 급격히 줄여서 전 세계 많은 사람들이 휴대전화를 소유하고 인터넷에 접속할 수 있게 됐다. 그는 "그렇다면 다음은 무엇일까?"라는 물음을 던진다.

"의미, 목적, 깊이 있는 인생경험의 추구. 어떻게 표현하든 이를 추구하는 소비자들의 욕구는 계속 상승하고 있습니다. 에이브러햄 매슬로(Abraham Maslow)가 말한 고차원적 욕구와 빅터 프랭클이 추구한 삶의 의미가 자신에게는 어떤 것인지 생각해야 합니다. 그리고 이에 적합한 일에 종사해야 합니다."

행복의 추구

"행복은 추구한다고 되는 것이 아니라 결과로 일어나는 것이어야 한다."

빅터 프랭클은 강조했다. 하지만 무엇의 결과로 생겨나는 것일까? 이 질문은 예로부터 인류를 괴롭혀온 난제다. 그런데 최근 들어 심리학 분야에서 이에 대한 대답을 제공하기 시작했다. 이는 대부분 '긍정 심리학(positive psychology)' 운동의 주창자인 펜실베이니아대학교 마틴 셀리그먼(Martin Seligman) 박사 덕분이라고 할 수 있다.

학문으로서의 심리학은 역사적으로 행복 외의 것에 초점을 맞춰왔다. 심리학은 질병·혼돈·기능장애를 연구했으며 사람들을 만족·충족시키는 요소를 대부분 무시해왔다. 하지만 1998년 미국 심리학협회의 주도권을 장악한 셀리그먼은 심리학을 차츰 새로운 방향으로 이끌기 시작했다. 셀리그먼의 연구는 만족과 웰빙으로 주의를 돌린 다른 여러 학자들의 연구와 마찬가지로 사람들을 행복하게 만드는 비밀들을 벗겨내기 시작했으며, 세상에 행복을 진지하게 확산하고자 노력했다.

셀리그먼은 "행복은 여러 요소의 결합에서 나온다"고 말한다. 그중 일부는 생물학적 요소에 의존하고 있다. 인간의 유전자에는 선천적으로 웰빙의 스펙트럼이 내재되어 있다. 이는 상대적으로 고정된 요소라고 할 수 있다. 어떤 사람은 스펙트럼 가운데 우울한 쪽으로 치우친 성향을 갖고 있는 반면, 다른 어떤 사람들은 쾌활한 쪽으로 기울어져 있기도 하다. 하지만 행복으로 귀결되는 쪽으로 전반적인 개인의 스펙트럼을 이동시키는 방법은 누구나 배울 수 있다.

셀리그먼에 따르면 행복에 기여하는 요소 중 자신의 일에 만족하고, 부정적인 사고와 감정을 피하며, 결혼해 가정을 이루고, 사회적 네트워크를 풍부히 쌓는 일이 중요하다. 또한 감사하고 용서하며 궁정적으로 생각하는 것도 중요하다. 이러한 요소들은 이른바 '유쾌한 삶(pleasant life, 과거와 현재 그리고 미래에 대해 긍정적인 감정으로 충만한 인생)'을 만드는 데 도움이 된다. 하지만 유쾌한 삶은 쾌락의 사다리에 있는 한 단계에 불과하다.

셀리그먼은 좀 더 상위의 삶을 '좋은 삶(good life)'이라고 불렀다. 좋은 삶이란 인생의 주요 영역에서 자신의 독특한 강점을 잘 살려 만족을 얻는 인생을 의미한다. 그러한 삶을 살 수 있다면 일에 대한 시각도 스터즈 터클(Studs Terkel)이 말하는 "월요일에서 금요일까지 이어지는 일종의 죽음에서 자신에게 주어진 천직"으로 바뀔 것이다.

"천직이란 일의 가장 만족스런 형태다. 왜냐하면 천직이란 일의 결과로 얻어지는 물질적 혜택 때문이 아니라, 그 자체로 만족감을 주기 때문이다."

셀리그먼은 설명한다.

"예언컨대 일에서 얻는 즐거움은 사람이 노동에서 기대하는 주요

'다른 사람이 바위 밑에 새겨 넣은 감춰진 삶의 의미를 발견한다는 것은 불가능하다. 오로지 자기 자신의 내부에서 우러나오는 삶의 의미만 찾을 수 있다."

로버트 파이어스톤(Robert Firestone) 저술가 겸 심리치료사

이유 가운데서 물질적 보상을 압도할 것이다."

좋은 삶은 기업에게도 유익하다. 셀리그먼은 "더 많은 행복은 좀 더 높은 생산성과 좀 더 높은 수익을 실현해준다"라고 주장한다. 심지어 긍정 심리학을 신조로 삼는 경영사조도 생겨나고 있다. 그러나 좋은 삶이 궁극적인 목적은 아니다. 셀리그먼의 말에 좀 더 귀를 기울여보자.

"인간이 불가항력적으로 추구할 수밖에 없는 세 번째 형태의 행복이 있는데 이는 의미의 추구다. 자신의 가장 큰 강점이 무엇인지 알아내서 자신보다 큰 무엇인가를 위해 이를 전개하는 것이다."

이런 방식으로 자신을 극복하는 것은 성직자의 명상과 큰 차이가 없다. 그리고 풍요로 인해 인간이 더욱 더 의미를 추구하며 삶의 의미를 찾는 작업은 우리 삶과 의식의 중심으로 계속해서 이동해갈 것이다.

《누가 내 치즈를 옮겼을까?(Who Moved My Cheese?)》라는 기이한 제목의 책은 세계적으로 수백만 권이 팔린 비즈니스 우화다. 수년 동안 같은 장소에서 치즈를 발견했던 생쥐 헴(Hem)과 허(Haw)는 어느 날 자기들의 소중한 치즈가 사라져버렸음을 알게 된다. 누군가 이들의 치즈를 옮겨놓은 것이다. 그런데 헴과 허는 이러한 사실에 서로 다르게 대처한다. 투덜거리는 성격의 헴은 누군가가 다시 치즈를 되돌려놓기를 기다리자고 한다. 반면 현실주의적인 허는 불안해하면서도 새로운 치즈를 찾아 모험을 떠나고자 한다.

결국 허는 문제를 해결하려면 기적 같은 해결책이 나타나길 기대하지 말고 행동을 취해야 한다고 헴을 설득한다. 그리고 이 생쥐들은 계속 행복하게 살아간다(이들의 치즈가 다시 옮겨지기 전까지는).

이 이야기는 변화란 피할 수 없는 것이며, 변화가 일어날 경우에는 비탄에 잠기거나 불평하기보다는 변화 속으로 뛰어들어 대처하는 것이 가장 현명한 자세라는 교훈을 담고 있다. 나는 이 책에 담겨 있는 메시지에 반대하려는 생각은 없다. 그러나 이 책에 사용된 은유에 대해 말하고 싶다. 물론 하이컨셉·하이터치 시대에는 자동화가 끊임없이 우리의 치즈를 옮겨놓고 있다고 볼 수도 있다. 하지만 풍요의 시대에 우리가 살고 있는 곳은 '미로(迷路, maze)'가 아니다. 오늘날 우리가 살고 있는 세상은 미로보다는 '미궁(迷宮, labyrinth)'라는 표현이 더욱 적절하다고 생각한다.

흔히 미로와 미궁은 같은 개념으로 이해되고 있지만 몇 가지 면에서 두드러진 차이가 있다. 미로는 어지럽게 구획된 통로들이 얽혀 있는 곳으로 출구를 찾을 수 없는 경우가 대부분이다. 미로에 빠진 사람의 목표는 가능한 한 빨리 미로를 빠져나가는 것이다. 반면 미궁은 나선형 보행 코스다. 미궁에 들어서면 길을 따라 중심으로 이동한 뒤 중심에 멈춰 선 다음 다시 되돌아 나오는 게 목표다. 미로가 분석을 통해 해결을 해야 하는 '퍼즐'이라면 미궁은 일종의 움직이는 '명상'의 공간이다. 미로가 갈피를 못 잡게 하는 반면 미궁은 중심으로 인도한다. 미로에서는 길을 잃어버릴지 모르지만 미궁에서는 자기 자신을 잊을 수 있다. 미로는 좌뇌를 움직이게 하고 미궁은 우뇌를 자유롭게 만든다.

현재 미국에는 4,000개 이상의 공공 및 개인 소유의 미궁이 있다. 미궁은 내가 이 책에서 논했던 많은 이유로 인해 점점 뜨거운 인기를 얻고 있다. 〈뉴욕타임스〉는 "미국인들이 교회 설교를 통해 얻을 수 있는 것 이상의 영적 경험과 정신적 위안을 추구하는 시대를 맞이해 미궁을 기도와 자기성찰, 감정치료의 수단으로 재발견하는 사람들이 늘고 있다"고 보도한 바 있다.

미궁은 세계 곳곳에 존재한다. 스위스 시내의 광장 한복판에도, 영국 마을의 녹색 공원에도, 미국 인디애나 주와 워싱턴 주, 덴마크 공원에도 있으며, 캘리포니아대학교에도 미궁이 있다. 그리고 맨해튼에 있는 리버사이드 교회나 워싱턴 D.C.에 있는 국립 대성당, 올버니의 감리교 교회, 산호세의 유니테리언 교회, 휴스턴의 유대교 회당에도 미궁이 있다.

미궁은 여러 병원 및 의료시설에서도 찾아볼 수 있다. 위 사진 속 미궁은 존스홉킨스대학교의 메디컬센터에 있는 것이다. 예전에 내가 걸었던 이 미궁은 가로세로 약 10센티미터의 벽돌로 이뤄져 있으며 8개의 동심원을 그리고 있다. 바깥쪽 끝에는 '창조', '믿음', '지혜',

존스홉킨스대학교 메디컬센터에 있는 미궁

'신념' 등의 단어가 새겨져 있다. 방문자들은 중심을 도는 동안 이들 단어를 살펴보며 마치 명상할 때 외는 만트라(mantra, 주문)처럼 뭔가를 읊조린다.

나는 왼쪽에서 출발해 첫 번째 원에서부터 걸어갔다. 걸으면서 주위를 둘러봤다. 한쪽에는 몇몇 명상센터 건물들이 들어서 있었고 다른 쪽은 주차장이었다. 별다른 초월적인 것은 없었다. 그저 원 안에서 걷고 있다는 느낌이 들 뿐이었다. 그래서 나는 다시 시작했다. 산만해지지 않기 위해 아래를 내려다보며 움직였다. 내가 걷는 길을 만들고 있는 선에만 집중하면서 가능한 한 천천히 걷기 시작했다. 그러자 텅 빈 도로를 운전하고 있는 듯한 느낌이 들었다. 많은 주의를 기울이지 못했기에 내 마음은 다른 곳으로 흘러버리고 말았는데, 그러자 뜻밖에도 침착해지는 효과가 나타났다. 그때의 경험은 앞에서 소개한 '그림 그리기'나 '웃음클럽'에서와 비슷했다. 좌뇌형 사고가 중단된 것이었다.

"미궁은 우뇌를 자유롭게 해줍니다."

사진 속 미궁을 만든 데이빗 톨즈먼(David Tolzman)의 말이다.

"좌뇌가 길을 따라 논리적인 전진에만 몰두하면, 우뇌는 자유롭게 창의적인 사고를 하게 되지요."

문화 지도에 대부분의 미궁을 그려 넣은 사람은 샌프란시스코에 있는 그레이스 대성당의 로렌 아트레스(Lauren Artress) 주교다. 몇 년 전 그는 본당 바닥에 지름 10여 미터의 미궁이 그려져 있는 프랑스의 샤르트르 대성당을 방문했다. 그가 방문했을 당시 그 미궁은 의자더미에 가려진 채 250년 동안 사용되지 않고 있었다. 아트레스는 의자더미를 치우고 미궁을 걸어본 뒤 그 개념을 미국에 도입했다. 그녀는 2개의 미궁을 그레이스 대성당에 그려놓았고 아직까지도 많은 인기를 누리고 있다. 그러고는 다른 교회 및 기관에 미궁 훈련을 시켜줄 베르디타스(Verditas)라는 이름의 성직자 단체와 미궁 키트를 만들었다.

"우리는 진정 좌뇌 중심의 세상에 살고 있습니다. 그런데 다음 세기의 도전에 대응하기 위해서는 또 다른 세상과 통합되어야 합니다."

아트레스는 말한다.

"미궁 속에서 걸으면 선형적인 사고에서 비선형적인 사고로 이동하게 됩니다. 그러고는 깊고 직관적인, 자신만의 사고 패턴이 부상하게 됩니다."

이것이 미궁이 미로와 다른 점이라고 설명한다.

"미궁은 문제 해결이나 원하는 감정을 얻게 해주는 게 아니라, 당신 존재의 전혀 다른 부분을 드러나도록 해줍니다."

미궁의 모습에는 중요한 상징이 담겨 있기도 하다.

"원은 전체 또는 통일성의 전형적인 모습입니다. 그러므로 사람들은 미궁 속을 걸으며 자기 삶의 모습을 전체적으로 조망하기 시작합니다."

현재 40여 개의 병원과 의료센터가 미궁을 갖추고 있다. 공감의 능력과 이야기 능력에 대한 새로운 인식이 의료계에 스며들기 시작한 것과 비슷하다. 치료에 있어 분석적인 접근이 필요한 것은 사실이지

"우리는 영적인 행로에 있는 인간적인 존재가 아니라, 인간의 행로에 있는 영적인 존재다."

로렌 아트레스(Lauren Artress) 그레이스 대성당 주교

만, 그것만으로는 충분하지 않다는 견해가 점점 늘고 있다. 그리고 과거에는 비논리적이라고 무시됐던 능력들이 환자의 회복에 도움이 된다는 인식도 확산되고 있다. 양쪽 뇌를 사용하는 새로운 사고가 세계 최고의 의료시설인 존스홉킨스대학교 메디컬센터에 미궁을 도입하게 만들었다. 이를 도입한 사람들은 환자와 그 가족 그리고 의료진이 미궁 속에서 육체적·정신적 이완을 경험하길 바라고 있다. 그리고 이는 효과가 있는 것으로 보인다.

미궁 옆에는 사람들이 미궁을 걷고 난 뒤에 소감을 입력할 수 있는 2대의 노란색 노트북이 놓여 있다. 이 노트북은 미궁이 사람들에게 의미와 위안을 주고 있음을 증명해준다. 의사와 간호사들은 힘들거나 비참한 경험을 하고 난 뒤 이곳을 찾는다. 수술 환자의 가족은 이곳에 와서 기도하고 생각하며 마음의 안정을 찾고 있다고 노트북은 기록하고 있다. 그리고 이 노트북에는 환자들이 기록한 뭉클한 이야기도 담겨 있다. 내가 그곳에 갔을 때 며칠 전 입력한 것으로 보이는 한 환자의 글이 있었다.

나는 미궁을 걸으면서 이곳에 글을 남겼던 모든 영혼들과 만났다. 수술이 있었던 1주일 전 오늘은 새로운 삶이 시작되는 시간이었다. 나는 미궁을 걸으며 '믿음'이라는 단어를 머릿속에 떠올렸다. 나는 내 미래를 믿는다.

물론 미궁이 세상을 구원하는 건 아니다. 지금까지 다룬 미래 인재의 6가지 재능도 마찬가지다. 좌뇌 중심적 사고에서 우뇌 중심적 사고로 이동해가는 것, 논리와 분석적 사고에 예술과 감정을 불어넣는 일은 결코 쉽지 않다. 그러나 이는 무척 중요하다. 빅터 프랭클이 우리에게 말했듯 이상적인 삶은 두려움 속에서 치즈를 추구하는 삶이 아니다. 그보다는 여행 자체가 목적인 미궁과 더 비슷하다.

A WHOLE NEW MIND

제3부

새로운 미래의 비즈니스

우리는 '왜'
일을 하는가?

'나는 왜 일하고 있을까?'

스스로 물은 적이 있는가? '돈을 벌어야 살 수 있으니까'와 같은 빤한 결론 말고 좀 더 진중한 고민을 해보자는 얘기다.

1970년대 말, 내가 고등학교에 다닐 때다. 작문 수업 시간이었는데 그때 선생님께서 '5W1H'라 불리는 마법의 공식을 알려주셨다. 그렇다. 여러분도 익히 알고 있는 '육하원칙(六何原則)'이다. 지금은 너무 많이 알려진 관용어구처럼 식상하게 들릴지 모르지만 당시 내게는 정말 마법의 공식으로 다가왔다. 이것만 알면 세상에 못 쓸 글이 없을 거라고 생각했다.

5W1H, 즉 육하원칙은 알다시피 '누가(who) · 무엇을(what) · 어디서(where) · 언제(when) · 왜(why) 그리고 어떻게(how)' 했는지 설명한다는 원칙이다. 작문 선생님이 가르쳐주신 내용이 많이 기억나지는 않지만 신기하게도 이 6개 단어는 결코 잊어버리지 않았다.

그런데 이 원칙이 저널리즘뿐 아니라 비즈니스에서도 그대로 적용된다는 사실을 발견했다. 오늘날 기업의 구조를 생각해보자. 교육 부서는 '어떻게(how)', 즉 직원들이 일하는 방식을 관리한다. 인재개발 부서는 외부 리크루트와 함께 '누구(who)'를 채용할 것인지 다룬다. 컨설턴트와 더불어 CEO는 '무엇을(what)' 해야 할지 전략을 수정한다. 제품을 '어디(where)'에 공급하고, '언제(when)' 유통할지는 공급 및 물류 부서의 영역이다.

그렇다면 '왜(why)'는 뭘까? 뭐지?

MBA 과정이나 기업의 조직 차트에는 'who · what · where · when · how'가 들어 있다. 그러나 'why'는 보이지 않는다. 대부분 4W와 1H만 있다. 언뜻 보면 어쩔 수 없어 보인다.

그러나 펜실베이니아대학교 경영대학원의 애덤 그랜트(Adam Grant) 교수 팀이 발표한 연구 결과에 따르면 이는 엄청난 실수다. 그랜트는 기업에서 '왜(why)'를 도입하게 되면 생산성이 크게 향상된다고 주장한다. 왜 그럴까?

그랜트 팀이 어떤 대학교에 있는 콜센터를 방문했다. 그곳에서는 매일 밤 직원들이 졸업생들에게 전화를 걸어 장학기금을 모금하고 있었다. 대학당국의 허가를 받아 그랜트 팀은 콜센터 직원들을 대상으로 실험을 했다.

우선 팀은 콜센터 근무자들을 세 그룹으로 나눴다. 첫 번째 그룹에 속한 사람들은 며칠 동안 전화를 하기 전 5분 동안 예전 직원들이 일하면서 얻었던 개인적 혜택에 대해 쓴 짧은 이야기를 읽었다. 어떻게 커뮤니케이션 기술을 개발해 업무에 도움이 됐는지에 대한 내용이었다.

두 번째 그룹도 전화를 걸기 전에 이야기를 읽었는데 내용은 달랐다. 여기서 모은 장학금을 받아 삶을 변화시킨 졸업생들에 관한 이야기였다.

세 번째 그룹은 제어 집단이었다. 이들은 기금 모금을 위한 전화를 걸기 전에 아무것도 읽지 않았다. 참가자들은 또한 전화를 받은 사람들에게 자신들이 읽은 내용을 말하지 말라는 지침을 받았다.

한 달이 지난 뒤 그랜트 교수팀은 세 그룹의 성과를 측정했다. 콜센터에 근무하면서 얻을 수 있는 이점에 대해 숙지한 첫 번째 그룹은 제어 집단인 세 번째 그룹보다 나은 실적을 올리지 못했다. 두 그룹 모두 같은 수의 기부 약속을 받아냈으며 실험 전에 모았던 금액과 동일한 기금을 모았다.

그런데 잠시 시간을 내 자신들이 하는 일의 중요성과 다른 사람의 삶에 끼칠 수 있는 영향력에 대해 생각해봤던, 다시 말해 '왜 일하는 가?'라는 자문의 시간을 가졌던 두 번째 그룹은 2배 이상의 기금을 모금했고 약속도 2배나 더 받아냈다. 이는 예전보다 훨씬 늘어난 액수이며 다른 두 그룹보다 현저히 높았다. 빠져 있던 '왜(why)'를 일깨웠더니 직원들의 생산성이 2배로 늘어난 것이다.

그랜트 팀은 다른 콜센터에서의 실험에서도 비슷한 결과를 얻었다. 직원들에게 5분 동안 자신들이 모금한 장학금 수혜자들과 대화를 나누게 했더니, 기부 의뢰 대상과의 통화 시간이 2배로 늘었고 2배나 많은 기금을 모금했다.

이어 그랜트는 지역 사회 수영센터 내 인명구조원을 대상으로 한 연구에서도 같은 현상을 발견했다. 한 그룹의 대원들은 과거 대원들의 인명구조 이야기를 읽었다. 이후 한 달이 지났을 때 그들은 다른 그룹보다 더 오랫동안 책임감 있게 일하고 상사로부터 훨씬 높은 평가를 받았다.

자신이 하는 일의 이유를 알지 못하면 그 일을 잘해내기 어렵다. 우리는 '의미'에 목말라 하며 자신의 노력이 좀 더 큰 대의에 기여하는지 알고 싶어 한다. 이러한 의미를 제공할 수 있는 강력한 방법이 바로 '왜(why)'에 좀 더 많은 시간을 쏟는 것이다.

그랜트가 발견한, '왜(why)'에 대한 5분의 시간 투자가 생산성을 2

배로 높인다는 사실을 경영 컨설팅 회사에서 알았다면 아마 수만 달러의 비용을 청구했을 것이다. 하지만 나는 여러분께 1원도 청구하지 않는다. '왜(why)' 그런지 추측해볼 수 있을 것이다.

'해야 할' 일보다
'하지 말아야 할' 일

지난 30년 동안 비즈니스 분야에서 가장 큰 영향력을 지녔던 2명의
권위자가 있다. 앞에서 언급한 톰 피터스와 짐 콜린스(Jim Collins)가
그들이다. 일찍이 피터스는 어떻게 하면 '초우량 기업의 조건'을 갖
출 수 있는지를 가르쳤다. 콜린스는 리더들에게 '좋은 기업을 넘어
위대한 기업으로' 가는 방법을 보여주었다. 오늘날 전 세계 대부분의
기업 총수실 서재에는 이들의 책이 꽂혀 있다.

하도 많이 읽어 책장 모서리가 잔뜩 접힌 《초우량 기업의 조건(In
Search of Excellence)》이나 《좋은 기업을 넘어서 위대한 기업으로(Good

to Great)》를 실제로는 찾지 못했다 해도 이들의 경영철학을 느낄 수 있고 이들의 용어를 듣게 될 것이다. '와우 프로젝트(Wow Project)' 니 '몰락의 5단계(5 Stages of Decline)' 와 같은 용어들 말이다.

하지만 내 생각에 이 두 사람이 만들어낸 가장 강력한 아이디어는 이것이다. 동일한 DNA를 공유하는 아이디어다. 오랫동안 피터스와 콜린스는 '기업이 무엇을 해야 할지' 에 대해 조언해왔다. 그러나 '개인이 높은 업무실적을 올리는 비결' 에 대해서는 '무엇을 하지 말아야 할지를 결정하는 일에 달려 있다' 고 말해왔다.

예를 들어 당신이 지금 사무실 책상에 앉아 있다면 손이 닿는 곳 어딘가에는 '해야 할 일' 목록을 기록한 파일이 있을 것이다. 우리 대부분에게 이 목록 없이 하루하루를 살아간다는 것은 상상하기 어려운 일이다. 해야 할 일 목록은 우리의 집중을 유도하며 항목을 하나씩 지워나갈 때마다 기쁨의 도파민을 뇌로 흘려 보낸다.

피터스는 해야 할 일 목록에는 특별히 이의를 제기하지는 않았지만 이것으로 충분치는 않다고 말한다. 즉, '하지 말아야 할 일' 목록도 만들어야 한다고 주장한다. 그는 우리가 앞으로 나아가지 못하게 잡아끄는 행동이나 태도, 열정을 약화시키는 원인, 집중을 방해하는 요소, 다시 말해 '반드시 피해야만 하는 것' 이 뭔지 구체적으로 열거하라고 권한다. 피터스는 이렇게 조언한다.

"집중을 방해하는 모든 요소를 제거하라."

또한 하지 말아야 할 일 목록은 해야 할 일 목록을 정확하게 기록하는 데 도움이 될 수 있다.

"무엇을 하지 말아야 할지 결정하는 일은 무엇을 할지 결정하는 일보다 더 중요하다."

한편 콜린스도 이와 비슷한 결론에 도달했다. 그가 대학원을 다닐 때 교수 한 분이 그를 보며 이렇게 말했다.

"자넨 그저 바쁘게 살고 있을 뿐, 정리된 삶을 살고 있지는 않은 것 같네."

그리고 이 교수는 콜린스에게 "어느 날 2,000만 달러를 상속받았는데 남아 있는 수명이 10년뿐이라면 어떤 식으로 행동을 바꾸겠는가?"라고 물었다. 그러면서 "무엇을 그만둘 것인지" 물었다. 바로 이때 피터스의 혁신에 비견되는 콜린스의 아이디어가 탄생했다. 콜린스는 이것을 '그만두기 목록'이라고 부르며 1년에 한 번씩 새롭게 편집한다. 콜린스는 이렇게 적고 있다.

"위대한 예술 작품은 마지막 부분에 무엇을 넣느냐 못지않게 무엇을 넣지 않느냐에 의해서 탄생된다. 어울리지 않는 것은 버려야 한다. 며칠, 심지어 몇 년의 노력이 들어갔다고 해도 말이다. 이렇게 해야 진정으로 위대한 예술가가 될 수 있으며, 이상적인 그림, 교향곡, 소설, 기업 그리고 가장 중요한 인생을 만들 수 있다."

피터스와 콜린스가 보여준 중요한 통찰력은 "우리가 너무 많은 시간을 부차적인 일에 사용하며, 쓸데없는 일을 제거하지 않는다"는 주장에서 잘 나타난다. 중요하지 않은 것들을 제거해야만 비로소 중요한 문제를 볼 수 있다.

이런 이유로 나는 2년 전부터 피터스와 콜린스의 테크닉을 섞어서 사용하기 시작했다. 하지 말아야 할 일 목록과 그만두어야 할 일 목록을 한데 합쳤다. 1년에 한 번 이상 목록을 다시 꺼내보지만 매일 새로운 것을 만들어내지는 않는다. 대신 항상 볼 수 있는 책상 옆 벽에 붙여놓고 필요에 따라 수정한다. 내 목록에 있는 내용은 이렇다.

- 집필에 열중해야 하는 오전 시간에는 이메일 답장을 하지 말 것.
- 아무리 생각해도 교제하지 않을 것 같은 사람들로부터 오는 인터뷰나 전화 인터뷰 요청은 응하지 말 것.
- 오후에는 커피를 마시지 말 것.
- 밤 11시 이전에는 반드시 잠자리에 들것.

그렇다면 내가 이런 모든 비생산적인 활동을 없애고 자기절제력을 갖춰서 정확히 움직이는 생산성 높은 기계가 되었을까? 그렇지는 않다. 하지만 나아지기는 했다. 오후 12시가 지난 다음에는 더 이상 커피를 마시지 않는다. 예전에는 오후 시간을 활기차게 보내기 위해 카페인이 필요하다고 믿었다. 그런데 전혀 그렇지 않음을 알게 됐다.

그리고 나는 내가 오후 12시 이전과 비교해볼 때 저녁 8시 이후에는 오전 생산성의 10퍼센트밖에 발휘하지 못한다는 사실을 잘 알기에 웬만하면 밤늦게까지 깨어 있지 않으려고 노력한다. 이렇게 목록을 작성하고 책상에 붙여 스스로 실행을 강요하지 않았다면 지금과 같은 결과가 나오지 않았다고 생각한다.

물론 실행에 옮기기 어려운 항목도 있었다. 급하다는 이메일에 몇 번 답장을 한 적이 있으며 어쩔 수 없이 인터뷰 요청을 수락한 적도 있다. 하지만 집필 중일 때 이메일 답장을 하지 않는 습관을 들이면서 영혼을 빨아 먹히는 듯한 인터뷰에서도 조금씩 빠져나오고 있다. 이렇게 조금씩 생산성과 만족감을 방해하는 요소를 제거하려 노력하고 매일 목록을 마주하다 보니, 내게 진정으로 중요한 일이 뭔지 확실히 알 수 있었다. 그것은 다름 아닌 좋은 글을 많이 쓰고 내가 아끼는 사람들과 시간을 보내는 일이었다.

여러분도 피터스와 콜린스의 방식을 시도해보기 바란다. 여러분만의 목록을 만들어보자. 이 목록은 우리의 삶에 특벽한 영향을 미친다. 다른 형태로는 만들 수 없는 힘을 발휘하게 해주고 우리의 행동을 바꿔준다.

시나이 산에서 모세가 받은 계명은 산문으로 된 긴 문장이 아니었다. 그것은 10개의 목록이었다. 그리고 10계명 중 8가지는 우리가 '하지 말아야 일'을 담고 있었다.

새로운 미래가 바라는 '소프트파워'

상사나 동료를 대상으로 간단한 실험 하나를 시도해보자. 별 건 아니다. 딱 20초면 충분하다. 오른손을 주먹 쥔 상태에서 검지만 펴라고 한다. 그러면 삿대질을 할 때와 같은 손 모양이 나올 것이다. 그런 다음 이마에 대문자 E를 써보라고 하자.

"아, 이게 뭔데. 왜 그래?"

"아픈 거 아녜요. 한 번만 해봐요."

이제 상대방이 이마에 쓰는 E를 잘 살펴보자. 자기가 읽는 방향으로 쓰는가 아니면 상대, 즉 여러분이 읽을 수 있는 방향으로 쓰는가? 물론 정답은 없다. 다만 글자의 방향을 통해 그의 성향을 조금은 알 수 있다.

별다른 의미가 없는 가벼운 게임처럼 보이지만, 사회학자들은 이 실험을 10년도 넘게 해왔다. 일종의 '자의식' 테스트로, 다른 사람의 시각으로 세상을 볼 수 있는 능력을 측정하기 위한 실험이다.

자신에게는 반대 방향이지만 상대방에게는 올바른 방향으로 E를 쓴 사람은 다른 사람의 시각을 택한 것이다. 한편 자기는 똑바로 읽을 수 있지만 상대방에게는 반대로 보이는 E를 쓴 사람은 자기중심적 성향이 강한 사람이다.

노스웨스턴대학교 켈로그 경영대학원의 애덤 갤린스키(Adam Galinsky) 교수 팀이 몇 년 전 흥미로운 실험을 했다. 이 E자 쓰기 테스트와 관련해 권력과 감정이입 사이의 연관성을 연구하는 실험이었다. 이를 통해 갤린스키 팀은 많은 사람들이 자신들에게 약간의 권력이 부여되면 다른 사람이 볼 수 있는 방향으로 E자를 쓰지 않으려는 경향이 나타남을 발견했다. 권력을 가지게 되면 감정이입이 줄어든다는 것이다.

"권력은 다른 사람의 시각과 사고, 느낌을 이해하려는 경향을 낮춘다는 점을 알 수 있다."

연구 보고서의 내용이다. 이 연구 결과는 기존 비즈니스의 잘못된 부분을 드러냈다. 행동 지향성과 강인한 의지를 보여주기 위해 우리는 그동안 가장 인간적인 특징인 감정이입을 희생시켜왔다. 물론 감정이입이 비즈니스의 유일한 자질이 되어서는 안 된다. 감정이입은 사적인 영역에 가깝다. 캐럴라인(Caroline)의 감정을 상하게 할까 봐, 라지브(Rajiv)가 슬퍼할까 봐 너무 많이 고민한다면 결국 아무것도 할 수 없다. 사고는 전략적으로, 행동은 강력하게 하는 것이 비즈니스 리더가 갖춰야 할 기본 자질이다.

그러나 충분한 감정이입이 들어가지 않은 행동은 적어도 2가지 결점을 지닌다. 첫째, 사람들이 내가 제안한 행동을 따르지 않게 되고 결과적으로 일의 진행에 걸림돌이 된다. 조직에서 직원들이 떠나는 이유는 결국 사람 때문이지 회사 때문이 아니라는 사실을 기억하자. 둘째, 사람들이 따라온다 해도 마지못해 하게 되면 자발적 참여가 아닌 수동적 순종이 된다.

따라서 행동 지향성과 감정이입 사이의 미묘한 균형을 유지해야 한다. 목표 달성과 E자 쓰기 중 어느 한 가지를 선택해야 하는 문제가 아니다. E자를 쓰면서 목표를 달성해야 한다는 뜻이다. 게다가 다른 처세술과는 달리 감정이입은 해외 저임금 근로자들이나 몇 줄의 소프트웨어 코드로 대체될 수 없는 일이다. 때문에 우뇌형 인재에게 있어 감정이입은 필수적 능력으로서의 높은 가치를 가진다.

미국 의과대학에서는 젊은 미래 의사들의 감정이입 수준을 측정하기 위해 '노인 체험'을 실시하고 있다. 두꺼운 안경을 씌워 왜곡된 세상을 보게 하고, 귓속에 솜을 넣어 청력을 떨어뜨린다. 그리고 정원 사용 장갑을 끼워 손의 활동을 저하시킨다. 나이가 든다는 게 어떤 것인지 경험하고 감정이입을 통해 환자들을 위한 더 나은 의료 서비스를 제공하기 위해서다.

더구나 수많은 소비 거래가 온라인상에서 이뤄지는 요즘, 고객과 잠재 고객의 입장에서 세상을 보는 법을 배우려는 노력은 제품 개발과 고객 서비스에서 떼려야 뗄 수 없는 일이 되었다. 하지만 훨씬 더 높은 수준의 의식 계몽을 보여줘야 한다는 의무감에 사로잡힌 기업의 경영진 사이에서는 이러한 감정이입이 하찮은 것으로 여겨지거나 심지어 필요악으로 치부되기도 한다.

몇 달 전 한 경영대학원 학장과 만나 이야기를 나눈 적이 있다. 그는 졸업생들이 초청 강사로 다시 모교를 찾았을 때 학생들이 묻는 공통된 질문이 있다고 했다.

"경영대학원에서 공부하던 학창시절을 되돌아볼 때 좀 더 공부했더라면 좋았을 거라고 생각되는 게 있나요?"

그러면 대부분 이런 대답을 했다고 한다.

"금융과 회계를 공부해두면 훗날 많은 도움을 받을 수 있습니다. 그런데 소프트파워(soft power)와 관련된 공부를 좀 더 했더라면 하는 생각이 듭니다. 그게 꼭 필요합니다."

학교에서 열심히 공부한 뒤 실제 비즈니스의 살벌한 정글로 들어서면 심리학이나 인간관계, 의사소통, 감정이입과 같은 표면적으로는 소프트해 보이는 것들이 정말 중요하다는 사실을 깨닫게 된다. 엑셀과 스프레드시트는 금세 배운다. 그것 때문에 좌절하거나 열정을 잃어버리지는 않는다. 그러나 사람들과 좋은 관계를 맺고 서로 유익한 영향을 미치기 위해서는 단순이 셀에 정확한 숫자와 함수를 적용하는 것보다 더 많은 게 필요하다. 대부분의 직장인들은 일정한 시간이 지나면 자신의 업무에 대한 기술을 갖추게 마련이다. 하지만 그 이후에는 인간관계에서 승패가 판가름 난다. 결국 소프트파워가 승리한다.

그러므로 여러분이 하이컨셉·하이터치 시대에 필요한 인재가 되려면 소프트파워를 기르고 감정이입을 잘하는 우뇌형 능력을 갖춰야한다. 우리가 앞에서 살핀 디자인·스토리·조화·공감·유희·의미의 6가지 미래 인재의 조건도 소프트파워를 키우는 데 없어서는 안될 요소들이다.

굿바이,
'당근과 채찍'

진실은 종종 이단(異端)으로부터 시작된다. 5세기 전 인간은 지구가 우주의 중심이고 태양이 지구 주위를 돌고 있다고 확신했다. 그러나 이후 니콜라우스 코페르니쿠스(Nicolaus Copernicus)가 충격적인 발언을 한다. 미안하지만 사실은 그 반대라고. 이젠 학교에 다닐 나이만 되면 누구나 지구가 태양 주위를 돌고 있다는 사실을 안다. 이단으로 여겨졌던 주장이 사실은 진실이었던 것이다.

닐 데이비슨(Neil Davidson)도 비즈니스에서 자신만의 코페르니쿠스적 혁명을 시작하고 있는지 모른다. 1999년 데이비슨은 사이먼 갤

브레이스(Simon Galbraith)와 함께 캠브리지에 프로그래머용 개발도구 제작 회사 레드게이트(Red Gate)를 창립했다. 대개의 다른 회사와 마찬가지로 레드게이트에도 영업 직원이 있었다. 하지만 다른 곳과는 달리 레드게이트는 경영상의 이단을 꾀했다. 영업 직원의 인센티브 시스템을 없애버린 것이다.

오랫동안 '당근'으로 비유돼온 '인센티브'는 동기부여의 주요 수단으로 인식돼왔다. 그러나 분명히 말하건대 돈이 최상의 동기부여 요인은 될 수 없다. 다시 레드게이트로 돌아가보자.

창립 초기에 데이비슨은 아주 간단한 인센티브 시스템을 만들어냈다. 그러자 영업 직원들은 이 시스템을 교묘히 활용하는 방법을 찾아냈다. 자신에게 가장 이익이 되는 시점으로 영업실적을 몰아넣거나, 한 달은 적게 팔고 다음 달은 많이 팔아서 큰 격차를 만드는 방법 등이었다. 이런 행위는 그들이 비윤리적이어서가 아니다. 오히려 합리적이어서 인센티브 시스템에 논리적으로 반응했기 때문이다.

그래서 데이비슨은 인센티브 시스템을 좀 더 복잡하게 만들었다. 그랬더니 영업 직원들도 더 복잡한 행동으로 이에 반응했다. 그리고 이런 상태가 계속돼 결국 소프트웨어를 판매하는 일보다 인센티브에 더 집착하는 상태에까지 이르게 됐다.

데이비슨은 인센티브 시스템이 회사에 득보다 해가 될까 봐 우려했다. 오랜 관행인 인센티브 시스템이 150명의 직원이 함께 일하는 자신의 회사를 소리 없이 갉아먹고 있다는 생각에 두려워졌다. 훗날 그는 자신의 블로그에 이렇게 포스팅한다.

"우리의 인센티브 시스템이 이와 같았다. 이 시스템은 결국 진실이 아닌 가정에 기초한 것이었다."

얼마간의 두려움은 있었지만 데이비슨은 영업 인센티브를 아예 없애버리고 급여를 올리는 방식의 일대 개혁을 추진했다. 데이비슨은 이렇게 말한다.

"영업 직원 톰(Tom)에게 이 생각을 설명했을 때 그는 '좋은 생각 같지만 제임스(James)는 결코 좋아하지 않을 것'이라고 말했습니다. 제임스는 돈에 의해서만 동기를 부여받는다고 말이죠. 인센티브를 없애면 퇴사할 거라고 하더군요. 이번에는 같은 설명을 제임스에게 했습니다. 그랬더니 제임스는 이렇게 대답했습니다. '좋은 생각이지만 톰은 싫어할 것'이라고요. '그에게는 돈이 원동력'이라고요."

인센티브 시스템에 의해 움직이는 영업은 더 나은 실적을 올리지도 못했고, 알고 봤더니 인센티브 자체도 영업 직원들이 선호하는 시스템이 아니었다. 인센티브 시스템이 사라지자 레드게이트의 영업 실적은 향상되었다. 새로운 시스템을 받아들이지 않은 2명의 영업 직원은 회사를 떠났지만 대부분은 남았다. 톰과 제임스도 퇴사하지 않았다.

메릴랜드 주 볼티모어에 있는 IT 서비스 회사 시스템소스(System

Source)의 창립자 머리 웨인스타인(Maury Weinstein)도 비슷한 경로를 밟았다. 그는 1994년 공동창립자인 밥 로스웰(Bob Roswell)과 함께 인센티브 시스템을 없앴다. 웨인스타인은 이러한 시도가 오랫동안 지속된 시스템소스의 번영을 가능케 했던 이유 중의 하나라고 말했다. 경쟁이 치열한 동종업계에서 이 회사 직원들의 평균 재직 기간은 17년으로 다른 곳에 비해 월등히 긴데, 그 역시 이 시도 때문이라고 말했다.

데이비슨과 웨인스타인은 모두 성역(聖域)으로 여겨졌던 인센티브 기반의 동기부여 방식에 정면으로 도전함으로써 좋은 결과를 얻을 수 있었다. 레드게이트의 경우 이전에는 관리자들이 막대한 시간과 열정을 '누가 얼마만큼 받아야 하는지'에 대한 분쟁 중재에 소비해야 했다. 그러나 임금 시스템이 간단해지면서 좀 더 유용한 활동에 노력을 집중할 수 있었다.

"우리는 당근(더 많이 팔면 더 많이 받는다)과 채찍(팔지 못하면 받지 못한다)에 의존하기보다는, 직원들이 일에 흥미를 느끼고 더 나은 목표를 세우며 팀워크를 높일 수 있도록 격려했습니다."

데이비슨의 말이다. 실제로 팀워크가 좋아지면 또 다른 이점이 따라온다. 웨인스타인은 이렇게 말한다.

"기본적으로 개인별 인센티브는 협업의 방해 요인입니다. '메리(Mary)가 더 많이 받아갈 게 뻔한데, 왜 그녀가 계약을 성사시키도록 도와야 하지?' 라는 생각을 하게 되지요. 인센티브 시스템은 오히려 직원들 사이를 멀어지게 하는 역할을 합니다."

인센티브를 없애니 고객의 경험에도 변화가 일어났다. 일반적으로 우리는 제품을 구입할 때 제로섬(zero-sum, 한쪽이 득이면 한쪽은 실이 되어 결국 합은 0인 것—옮긴이) 게임에 갇힌 상태에서 영업 직원을 적(敵)으로 보는 경향이 있다. 웨인스타인은 이러한 관계가 결국 기업에 부정적인 영향을 끼친다고 말한다.

"강력한 메시지를 직원들에게 보냈어요. '우리는 여러분이 다음 5분 동안 판매하는 실적에 대해 임금을 지급하는 곳이 아니다. 우리는 영업 직원이 아니라 고객을 위한 에이전트가 돼야 한다' 라고 말이죠."

노벨 경제학상 수상자를 11명이나 배출한 런던 정경대학교 이야기를 잠깐 해보자. 몇 달 전 이곳의 경제학 교수들이 모여 인센티브 시스템을 운용 중인 51개 기업 사례를 조사했다. 그리고 이렇게 결론 내렸다.

"인센티브가 전체 성과에 부정적인 영향을 미칠 수 있다."

이 외에도 인센티브 시스템의 허상을 밝힌 조사 결과는 많이 있다. 그런데 여기서 걱정되는 것은 아직도 너무나 많은 조직들이 이러한 결과보다 검증되지도 않은 가정에 기초한 인센티브 시스템을 더 신뢰한다는 점이다. 경제위기에서 탈출하고자 한다면, 하이컨셉·하이터치 시대를 맞이하고자 한다면, 사람의 능력을 당근으로 유혹하고 채찍으로 처벌하는 잘못된 인습을 과감히 포기해야 한다.

그래도 좋은 소식은 있다. 동기부여에 관해 연구한 과학자들이 우리에게 새로운 관점을 제시했다는 것이다. 내재적 동기부여를 더 강조하는 관점이다. 내재적 동기부여란 내가 좋아해서, 재미있으니까, 중요하기 때문에 하고자 하는 '욕구'와 관련이 있다.

이제 비즈니스의 새로운 동기부여 원칙은 3가지로 압축된다. '주도성'과 '전문성' 그리고 '목적의식'이다. '주도성'은 우리 삶의 방향을 결정하고 싶어 하는 욕구다. '전문성'은 의미 있는 것에 잘하고자 하는 욕구다. '목적의식'은 더 큰 뭔가를 하고 싶다는 욕구다. 이 3가지가 앞으로 우리들이 완전히 새로운 동기부여 시스템을 구성하기 위한 요소다.

1990년대 중반 마이크로소프트는 브리태니커(Britannica)의 대항마로 '엔카르타(Encarta)'라는 이름의 백과사전 사업을 시작했다. 엔카르타 팀은 모두 적절한 인센티브를 보장받았다. 그들은 문서를 작성하고 수정하는 데 전문가들을 고용했고, 정해진 예산과 시간 내에 결과가 나올 수 있도록 모든 프로세스를 관리했다. 그런데 그로부터 몇 년 후 또 다른 백과사전 프로젝트가 시작됐다. 인센티브는 없었다. 보수도 없었다. 하지만 혜성처럼 등장한 이 백과사전 앞에서는 엔카르타도 어쩔 수 없었다. 바로 '위키피디아(Wikipedia)'다. 위키피디아는 1,900만 개의 지식 꼭지가 270개의 언어로 제공되는 세계 최대의 온라인 백과사전이다.

뉴욕대학교 클레이 셔키(Clay Shirky) 교수는 저서 《많아지면 달라진다(Cognitive Surplus)》에서 "돈으로 땅을 살 수는 있어도 마음을 사지는 못한다"면서 이렇게 말한다.

"전 세계 사람들이 공유하는 특정 분야의 지식이 '내가 직접 두드리는 자판에서 만들어진다'는 사실만으로 우리는 기꺼이 귀한 시간을 그 공간에 바친다."

셔키 교수는 IBM연구소와 함께 위키피디아가 그만 한 정보를 구축하는 데 들어간 시간을 계산했다. 약 1억 시간이었다.

돈이 인간의 가장 보편적인 동기부여 요인이라는 이론은 "돈도 안되는 일에 왜 그 많은 시간과 열정을 쏟을까?"라는 질문에 대답하지 못한다. 셔키 교수는 그 요인을 내적 욕구에서 찾는다. 관심 있는 일을 스스로 할 때 힘이 생기고, 그 일을 잘한다고 느낄 때 힘은 더 커진다.

당근과 채찍이라는 '외적' 동기부여는 주도성과 전문성 그리고 목적의식이라는 '내적' 동기부여를 이기지 못한다. 당연하게 여겨졌던 20세기 방식의 외적 동기부여는 아주 좁은 범위에서만 적용 가능하다. 높은 성과의 비밀은 보상과 처벌에 있는 게 아니라 내재적인 욕구에 있다. 우리가 이미 알고 있는 것처럼.

미래를 위한 3가지 질문

지금까지 우리는 여러 주제에 관해 살피고 생각하는 시간을 가졌다. 부디 이 책이 여러분에게 즐겁고 기억에 남는 경험을 선사했기를 바란다. 그리하여 하이컨셉 · 하이터치 시대로 들어가기 위한 준비에 많은 도움이 됐으면 하는 바람이다.

여러분의 미래는 다음 3가지 질문에 어떻게 대답하느냐에 달려 있다. 새로운 시대로 접어드는 우리는 각자 자신의 일을 주의 깊게 관찰하면서 다음과 같은 질문을 스스로에게 던져봐야 한다.

① 해외에 있는 사람이 이 일을 더 싼 값에 할 수 있는가?

② 컴퓨터가 이 일을 더 빨리 할 수 있는가?

③ 풍요의 시대에 비물질적이며 초월적인 욕구를 만족시키는 상품이
나 서비스를 제공하고 있는가?

이 3가지 질문은 누가 앞서가고, 누가 뒤지느냐를 판가름하는 기
준이 될 것이다. 반면 이 3가지 질문을 소홀히 여기는 사람들은 크게
고생할 것이다.

내가 이 책의 집필을 마치고 난 뒤 두 부류의 경제학자들이 이 책
의 중심 생각을 지지하는 연구 결과를 내놓았다. 댈러스에 있는 연방
준비은행의 마이클 콕스(Michael Cox)와 리처드 앨름(Richard Alm)은
노동인력 고용 현황에 대해 10년 동안 조사한 다음, 기술과 감성적인
능력이 뛰어난 사람들(예컨대 간호사)과 상상력과 창의력이 뛰어난 사
람들(예컨대 디자이너)에 대한 수요가 크게 늘고 있음을 발견했다. MIT
의 프랭크 레비(Frank Levy)와 하버드대학교의 리처드 머네인(Richard
Murnane)이 함께 쓴 《노동의 새로운 판도: 컴퓨터는 어떻게 차세대 노
동시장을 창출하는가(The New Division of Labor: How Computers Are
Creating the Next Job Market)》에서는 컴퓨터가 일상적인 업무를 없애
는 과정에 있다고 주장했다.

그들은 데스크톱 PC의 출현과 비즈니스 프로세스의 자동화가 인

간의 2가지 기술에 대한 가치를 높여줬다고·주장한다. 그중 하나는 이른바 "전문가적 사고, 즉 일상적인 해결책으로는 풀리지 않는 새로운 문제를 해결하는 것"이다. 다른 하나는 "복합 커뮤니케이션, 즉 설득하고 설명하며 정보의 해석을 전달하는 새로운 방법"이다.

하이컨셉·하이터치 시대는 오고 있으며, 그러한 시대에 살아남기 위해서는 앞에서 살펴본 바와 같이 하이컨셉·하이터치 재능을 갖춰야 한다. 그런데 이러한 상황 변화는 기대와 위험을 동시에 제공하고 있다. 기대를 갖게 하는 이유는 하이컨셉·하이터치 시대에는 매우 다양한 직업들이 창출될 것이라는 사실 때문이다.

발명가·예술가·기업가가 아니더라도 창조적이면서 감성지수가 높고 우뇌를 잘 사용하는 사람이라면 카운슬러에서부터 마사지 치료사, 생활지도 교사, 스타일리스트, 새로운 능력의 세일즈맨 등 많은 직업 기회가 열려 있다. 게다가 앞서 설명했던 6가지 재능(디자인·스토리·조화·공감·유희·의미)은 기본적으로 인간이 갖고 있는 소질이라는 점을 확실히 밝혀두고자 한다. 이러한 자질은 우리 모두에게 존재하기 때문에 이를 배양하고 육성하면 되는 것이다.

그럼에도 불구하고 우리가 위험을 느끼는 이유는 지금의 세상이 너무나도 빠른 속도로 움직이기 때문이다. 컴퓨터와 네트워크는 매년 속도가 빨라지고 연결은 더욱 확장되고 있다. 중국과 인도는 점점 경제 거인이 되어가고 있다. 선진국에서는 물질적 풍요가 확대되고 이러한 변화에 천천히 대처하거나 전혀 대응하지 못하는 나머지 사람들은 도태되거나 상황이 악화되어 시련을 겪게 될 것이다.

그 선택은 여러분의 손에 달려 있다. 이 새로운 시대에는 다양한 기회가 존재한다. 그러나 경직된 사고 때문에 적절한 대응을 하지 못하는 사람에게는 그림의 떡일 뿐이다. 나는 이 책이 새로운 시대로 여행을 떠나는 여러분에게 영감을 주고 적절한 수단을 제공할 수 있기를 기원한다.

모쪼록 이 책을 읽어준 노고에 감사드리며, 예술과 감성의 시대에 승리의 브이(V)를 하늘에 새기는 여러분이 되기를 기원한다.

다니엘 핑크
새로운 미래가 온다

제1판 1쇄 발행 | 2006년 4월 25일
제1판 43쇄 발행 | 2012년 2월 10일
개정 제1판 1쇄 발행 | 2012년 3월 5일
개정 제1판 31쇄 발행 | 2020년 6월 1일
개정 제2판 1쇄 발행 | 2020년 11월 13일
개정 제2판 6쇄 발행 | 2024년 11월 22일

지은이 | 다니엘 핑크
감 수 | 정지훈
옮긴이 | 김명철
펴낸이 | 김수언
펴낸곳 | 한국경제신문 한경BP

주소 | 서울특별시 중구 청파로 463
기획출판팀 | 02-3604-590, 584
영업마케팅팀 | 02-3604-595, 562   FAX | 02-3604-599
H | http://bp.hankyung.com   E | bp@hankyung.com
F | www.facebook.com/hankyungbp
등록 | 제 2-315(1967. 5. 15)

ISBN 978-89-475-4654-6   03320